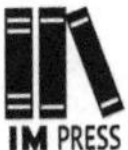
IM PRESS

# ВИКТОР НОРД

# НЕИСПРАВИМЫЙ ШОУМЕН

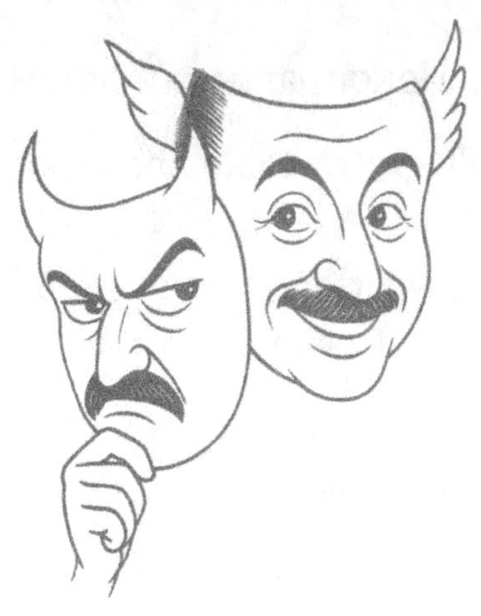

## КЛЮЧЕВЫЕ МОМЕНТЫ ТЕАТРАЛЬНОЙ КАРЬЕРЫ ДЭВИДА МЕРРИКА, ПРОДЮСЕРА

*в четырёх актах с прологом и двумя эпилогами*

БОСТОН · **2026** · ЧИКАГО

**Виктор Норд.**  Неисправимый шоумен

**Victor Nord.**  The Intractable Showman



ISBN 978-1-960533-97-5 (hardcover)
ISBN 978-1-960533-98-2 (pbk)

Published by M•GRAPHICS | BOSTON, MA
     □ www.mgraphics-books.com
     ✉ mgraphics.books@gmail.com

Illustrations by Victor Nord

Image on page 47—from the cover of 1955 Playbill for the original Broadway production of the musical play "FANNY" at the Majestic Theatre in New York City.

Book design by Bagriy & Company | Chicago, IL

Printed in the United States of America

*Автор выражает признательность:*

Своей жене **Елене Норд**, финансовому менеджеру людей творческих профессий, занятых в шоу-бизнесе.

Её рассказы о причудах и странностях некоторых клиентов послужили замыслу трагикомедии, которой и является эта книга.

Сама страсть к сцене обычно считалась в народе не просто причудой, но своего рода безумием, манией. Но кто знает, сегодня, когда массовое помешательство и злобный психоз понемногу становятся нормой, возможно только театр остается единственным прибежищем, где еще может найтись место и здравому смыслу, и благородству чувств.

Вот, о чем думал автор, слушая истории Елены — и за это он бесконечно ей благодарен.

**Нелли и Павлу Пикманам**, издателям газеты «Каскад» в Балтиморе, шт. Мэриленд — за их профессионализм, прекрасные иллюстрации и бережное отношение к материалу при публикации газетной версии этой книжки.

Русскоязычным **читателям** его предыдущей **книги «Доктор Саперлипопет»**, чьи неожиданно щедрые похвалы и требования "Encore!" побудили автора, не откладывая, приняться за пересказ этой истории бродвейского продюсера по-русски.

Таких читателей много, невозможно здесь перечислить всех по имени, но горячую благодарность заслуживает каждый из них.

# ОГЛАВЛЕНИЕ

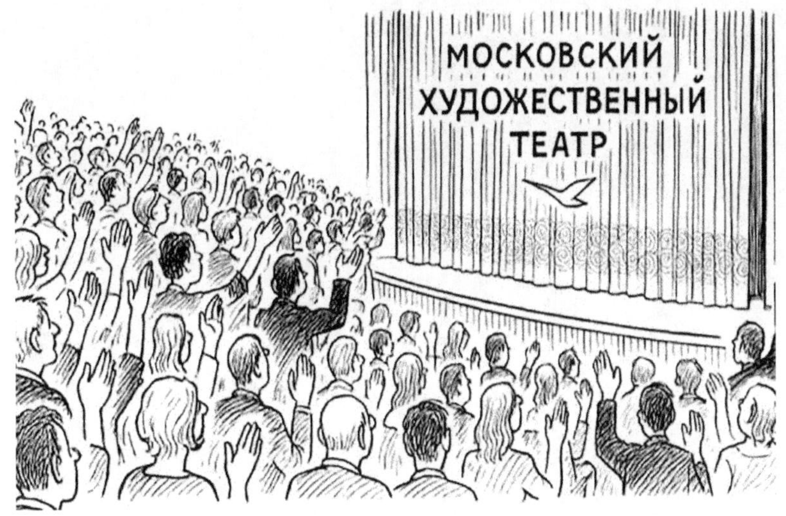



# НЕ ИМЕЮЩИЙ ОТНОШЕНИЯ К ДАЛЬНЕЙШЕЙ ИСТОРИИ

Кжёлчным нью-йоркским театральным критикам на язык лучше не попадаться. Они не щадили ни легендарную Анну Павлову, ни великого Макса Райнхардта, ни даже всемирно известную Сарру Бернар.

Слёзы благодарности европейских мастеров сцены в ответ на овации американских зрителей ядовитые перья цинично объясняли лишь их жгучей до слёз любовью... к стабильной американской валюте.

Константин Станиславский с его МХТ завоевал Америку, открыв свои гастроли спектаклем двадцатипятилетней давности. По его свидетельству, ни до, ни после — и нигде больше — не пользовался таким успехом их «Царь Фёдор Иоаннович», как в Нью-Йорке. А ведь театр привёз и другие известные спектакли; среди них были и «Три сестры», и «На дне».

Двухсезонное турне 1923–1925 годов проходило на ура, касса регистрировала до 5700 долларов за каждое представление — в снег, в дождь и даже в плавящую асфальт нью-йоркскую жару, от которой в зале на две тысячи мест без кондиционера не спасал никакой театральный веер.

Представления давались на русском языке без синхронного перевода, но это публике явно не мешало. При восьми спектаклях в неделю продажи билетов составляли эквивалент 1 100 000 нынешних долларов. О таких сборах давно не слыхали на Бродвее. Билетов было не достать и за месяц вперёд; ошалевшие от прибылей театральные спекулянты просто молились на *этих русских*.

Местные критики, впрочем, не поддавались восторгам толпы. Им-то было хорошо известно, что Московский Художественный большевики субсидиями не баловали, что глава их, Ленин, в бешенстве однажды ушёл после первого акта мхатовского спектакля: его душе, разумеется, ближе был Некрасов, *певец народного горя,* нежели какой-то там мелкобуржуазный «Сверчок на печи».

Критиками не прошла незамеченной и ирония русской театральной революции, покорившей Америку спектаклями, созданными за двадцать лет до революции большевицкой в новой России.

Парадокс победы старого над «новым» был очевиден любому читателю столичных газет. Отдав должное игре актёров и ансамбля, «Нью-Йорк Таймс» камня на камне не оставила от тусклых мхатовских декораций, их примитивного грубого освещения и обветшалых костюмов, обладавших, по словам рецензии, «скорее археологической, нежели художественной ценностью».

Та же рукоплещущая мхатовцам восторженная публика, цинично замечал другой театральный критик, не так давно отчаянно зевала на спектаклях знаменитого Райнхардта и своим холодным равнодушием сводила с ума приезжего баса Шаляпина. Так стоит ли в наших рецензиях, заключал критик, оглядываться на капризные вкусы толпы и всерьёз принимать во внимание кассовые сборы, которые она обеспечивает?

А в этой толпе поклонников, ожидавшей актёров у служебного входа, размахивали газетами с холодными рецензиями и кричали: «Долой щелкопёров, долой критиков! Долой ядовитое газетное снобьё! Не пускать их в театр!» В Чикаго разъярённые почитатели пьес Чехова прямо в ложе прессы надавали тумаков рецензенту, не разделявшему их восторгов.

Вот какого накала страсти кипели среди любителей театральных зрелищ в Нью-Йорке. И ещё в восьми городах СШ, где давались представления Московского Художественного театра.

И теперь, когда нам, читатель, стало легче почувствовать напряжённый пульс нью-йоркской театральной жизни, стоит послушать самого основателя Художественного Общедоступного театра. Который, кстати, всегда был далёк от переоценки собственного значения в искусстве и никогда не забывал о кассовых сборах в театре.

Итак — слово Станиславскому:

«Большая ошибка думать, что в Америке не знают хороших артистов. Они видели всё лучшее, что есть в Европе. Быть может, именно поэтому Америка так ценит индивидуальность. На артистической индивидуальности построено всё театральное дело Америки. Плюс роскошнейшая постановка, какой *мы не знаем*. Плюс *изумительное* освещение, о котором мы не имеем представления. Плюс сценическая техника, которая нам и не грезилась, плюс штат сценических рабочих и их главных руководителей, о которых мы никогда и мечтать не смели.

Итак, далеко не во всех областях мы можем удивлять Америку. Такого артиста, как Warlfild, играющего Шейлока, у нас нет! А постановка «Шейлока» Беласко по роскоши и богатству превосходит всё виденное, а по режиссёрским достижениям — Малый театр мог бы ему позавидовать.

Барримор-Гамлет далеко не идеален, но очень обаятелен.

Такого Пер Гюнта, как молодой Шильдкраут, у нас нет в России. Есть много известных имён артистов, которых мы ещё не видали. Опера, в смысле голосов, — не поддаётся сравнению ни с одним театром Европы...

По правде говоря, нередко я недоумеваю: почему американцы так превозносят нас?

Ансамбль?

Да, это импонирует. Но несравненно больше импонирует им то, что в одной труппе есть три-четыре артистические индивидуальности, которые они сразу угадали...

Тех, кто имеет право на первое место, они угадали сразу и оценили больше, чем в Европе.

*Без Америки не проживёшь в Москве, а черпальной машиной для долларов может быть одна-единственная первая группа. Было бы безумием с нашей стороны, если б мы её не постарались оставить здесь для прокорма московского театра, студий.* (Курсив мой — *Автор*.)

...Если мы не сделаем этого, то перспектива мне рисуется трагическая. Тянуть лямку с 1-й группой (МХТ) под насмешки и ругань советских газет. Нищета. Старость. Смерть в приюте для престарелых артистов и полное бедствие моей больной семьи и Вашей (жены Немировича-Данченко — *В.Н.*) Екатерины Николаевны.

Всё это можно исправить и навек обеспечиться в какие-нибудь четыре-семь месяцев американской пролонгации гастролей.

Вот когда наши артисты будут материально обеспечены, тогда, кто знает, быть может, они смогут опять стать артистами и поработать для искусства».


Отчего же, может спросить читатель, великий артист, сделавший борьбу с бездушной халтурой на сцене целью своей творческой жизни, придаёт такое значение кассовому успеху своего театра, в отличие, скажем, от местных нью-йоркских театральных рецензентов и обозревателей? Ответ прост — проще, чем кажется с первого взгляда.

Станиславскому, когда он ещё был Костей Алексеевым, наследником солидного капитала, довелось поработать — и довольно успешно! — управляющим на предприятии, принадлежавшем его семье. И с ранних лет он узнал цену заработанных денег: ответственность, которую они требуют от управления, и свободу, которую они дают при разумном распоряжении ими.

Константин не был ни революционером, ни теоретиком-экономистом, и прибыль для него не являлась идолом, которому следовало поклоняться или наоборот, проклинать, но просто — инструментом свободы, позволяющим при желании поднять уровень мастерства до невиданных высот. И с таким подходом он был, как говорится, «стопроцентным американцем». Что и не замедлило сказаться на небывалом успехе его театра в Соединённых Штатах:

«Ещё к сведению. Пусть не думают, что в Америке театры — так себе, всё сойдёт. Большая ошибка.

Нью-Йорк — один из самых музыкальных городов, который слышал всё самое лучшее и теперь имеет самых лучших певцов.

Но в драме есть такие артисты — звёзды! Варфильд, Барримор, Тейлор... Таких я не знаю сейчас ни в Берлине, ни в Париже, ни в славянских землях. Кое с чем сюда нельзя приезжать».

И далее Станиславский заключает:

«Мы пришлись Америке ко двору. Нас полюбили и поняли, что только мы одни можем научить чему-нибудь американцев; меня теперь знают здесь, и потому... за мной стали гоняться и издатели — по поводу книги и по поводу устройства у них студии. Я продал уже две свои книги. Одна — этапы развития нашего искусства (должна быть готова к 1 сентября). Другая — без срока — «система» в романе. Теперь я всё лето буду писать, писать и писать...»

Остаётся только добавить, что первые его книги, суммирующие артистический опыт — «Моя жизнь в искусстве» и «Работа актёра над собой» — Станиславскому заказали именно в США, в бостонском издательстве «Литтл, Браун и Ко». И подтвердили свой интерес к его системе щедрым авансом.

Да-да, обе знаменитые книги Станиславского впервые вышли в свет в Америке, на английском языке.

После этого, согласитесь, несколько странно и сегодня слышать, что драматический театр в Америке не существует и не существовал. А заодно, в который уж раз слышать популярное, особенно среди европейских эмигрантов, утверждение, что *они* нас не понимают — и наше искусство тоже».

На самом же деле *«они»* — то есть американская театральная публика, как, впрочем, и все иные зрители в мире — «не понимают» (читай — не любят), когда в погоне за шальным заработком к ним из-за океана приезжают артисты с наспех состряпанной халтурой, или когда её, эту публику, пытаются ослепить провинциальными формальными приёмами. То есть именно тем, против чего всю свою жизнь в искусстве боролся их великий соотечественник — Станиславский.

# АКТ ПЕРВЫЙ

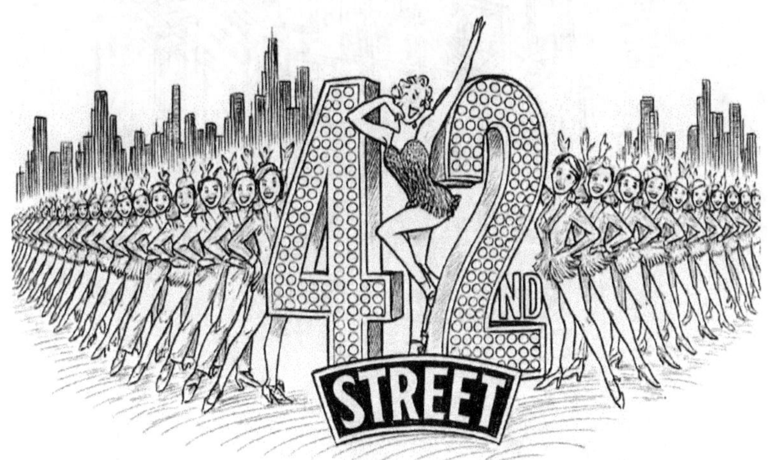


# АПЛОДИСМЕНТЫ ПОД ЗАНАВЕС

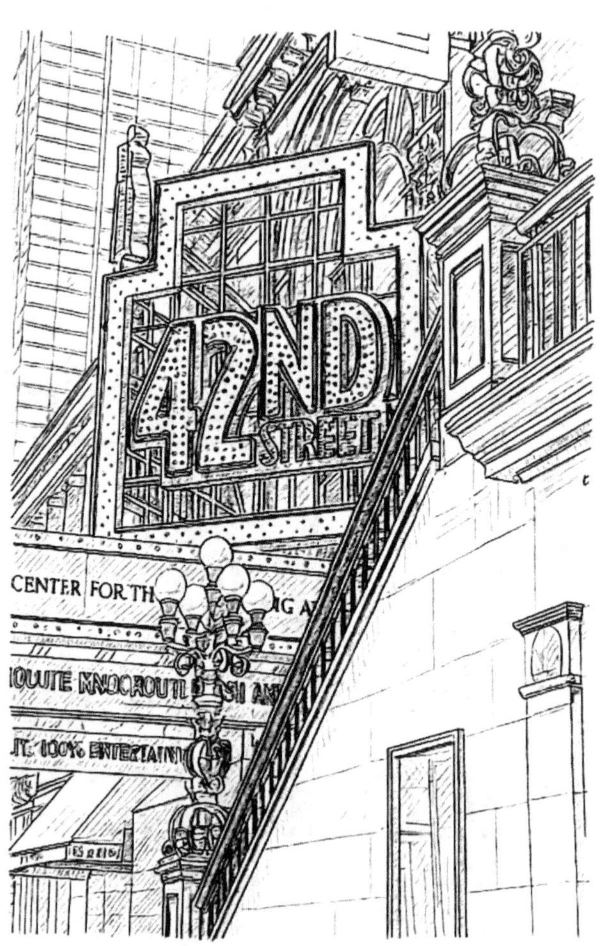

42ND STREET
CENTER FOR TH...
...NG A...
...OWTE KNOCKOUT...SH AN...
...T. 100% ENTERTAIN...

# ПРИБЫВШИЕ В РАЗГАР КРИЗИСА

Как заметил один театральный репортёр, помимо постоянной скорости света, в США существует ещё одна константа: предсказания гибели театра на Бродвее.

Не прошло и двадцати лет после нью-йоркских триумфов МХТ, как газеты вновь объявили культурной столице о том, что её театр приказал долго жить.

С первого взгляда так оно и было: почти половина театральных зданий пустовала; на ступенях их тёмных служебных входов ночевали бродяги, заворачиваясь вместо одеяла в старые ненужные афиши.

В городе, впрочем, к подобного рода мрачным новостям давно уже привыкли: «Эра добротной драмы и талантливых исполнителей ушла навсегда — и её не вернуть, — скорбел городской справочник ещё в 1868 году о едва успевшем родиться тогда театре.

В 1932-м, когда Юджин О'Нейл находился в зените славы, а последователи Станиславского основали свой Групповой Театр, газетой «Хералд Трибьюн» был поставлен театру смертельный диагноз.

В 1952-м о гибели их театра объявила своим читателям и сама «Нью-Йорк Таймс» — а именно в ту пору карьеры Теннесси Вильямса и Артура Миллера достигли пика мирового успеха!

Однако в сороковых, в разгар депрессии, зловещие признаки кризиса нью-йоркского театра стали видны уже не только критикам: ведь даже в затемнённом, подвергающемся немецким налётам Лондоне на Вест-Энд каждый вечер подымали занавес сорок пять театров — в то время как в театральной столице Америки тогда работало только двадцать два.

Именно в этот тяжёлый сезон 1940 года из провинции прибыла в город молодая пара: юная наследница *старых южных денег* и недавно женившийся на ней (по расчёту, если верить злым языкам) начинающий адвокат из города Сент-Луис, штат Миссури. Оба были страстными театралами, мечтавшими взять штурмом Бродвей и укрепиться на вершине театральной пирамиды.

Энергичного выпускника Юридической школы университета Сент-Луис звали Дэвид Меррик. Его план завоевания Бродвея был прост: в первый же год найти какого-нибудь талантливого режиссёра с хорошей пьесой в руках и предложить ему полное финансирование постановки в обмен на право поместить своё имя на афише *впереди* названия самого спектакля. В мечтах ему уже виделся такого рода плакат:

**ДЭВИД МЕРРИК**

**представляет**

**Орсона Уэллса**

**с его новым спектаклем**
**«РОДНОЙ СЫН»**

Новичку Меррику казалось, что в разгар охватившего страну финансового кризиса достаточно предложить Бродвею на новую постановку сорок тысяч долларов (около шестисот тысяч по нынешнему курсу), чтобы открыть дорогу новому импресарио. Однако театральный вундеркинд Уэллс, избалованный успехом, не пожелал даже встретиться с начинающим мечтателем.

# ДОЛГИЙ ПУТЬ К АНТРЕПРИЗЕ

Отчего путь наверх вместо одного года занял у Меррика целых десять, можно легко объяснить, перечислив лишь некоторые имена талантов и зрелища, предлагавшиеся ими нью-йоркскому зрителю в тот сезон, считавшийся самым тяжёлым на Бродвее.

Уильям Сароян со своим шоу «Дни твоей жизни» соперничал с Полом Осборном и его «В семь по утрам».

Пол Муни блистал в новой пьесе «Ки Ларго», но не более, чем «чёрная звезда» Пол Робсон в музыкальном спектакле «Джон Хенри».

Апостол Станиславского Ли Страсберг поставил «Пятую колонну» Эрнеста Хемингуэя, но зрители охотнее шли на инсценировку «Бесов» Достоевского.

Ингрид Бергман можно было увидеть в «Лилиом» Мольнара, а Кэтрин Хепберн — в «Филадельфийской истории».

Новыми именами, которым суждено было вскоре стать известными всему миру, пестрели афиши: Шон О'Кейси, Отто Преминджер, Роберт Шервуд, Монтгомери Клифт...

А тут ещё гастролёры Лоуренс Оливье и Вивьен Ли прибывают из Англии со своей версией «Ромео и Джульетты».

Мюзиклов было гораздо меньше, чем в прежние сезоны, но вышли «Какой тёплый май» с костюмами Винсенте Миннели (да, того самого, отца знаменитой Лайзы Миннелли) и «Танцуя во сне» (музыкальная версия «Сна в летнюю ночь»), где играли Луис Армстронг (да-да, тот самый!) и Рут Форд под аккомпанемент секстета (того самого!) Бенни Гудмэна.

Имена участников музыкальных ревю (эстрадных обозрений) поразили бы сегодняшнего зрителя: почти все они вошли потом в историю мирового театра. Достаточно лишь упомнить, что в скромном шоу «Траву не мять!» хореографом был Джордж Баланчин, а одним из танцоров — Джером Роббинс (тогда ещё просто Джерри Рабинович), в тот сезон танцевавший ещё и в «Соломенной шляпке» с Дэнни Кэем (тогда — просто Каневским).

Начинающий антрепренёр Меррик не предполагал, что в будущем, каждый раз объявляя о гибели нью-йоркского театра, главным виновником фатальных театральных болезней будут называть… его самого.

Известный театральный художник Борис Аронсон первым сформулировал двойственную природу зрелищной индустрии. «Этот бизнес — порождение дьявола, лотерея, он всё более зависит от случая, — вещал Аронсон, выступая по радио. — Поэтому в США нет и не будет ни театральной традиции, ни школы. Когда на кон ставятся миллионные суммы, инвестировать начинают только в проверенные временем пьесы и таланты: для эксперимента, риска, импровизации не остаётся места. Суперзвёздам успех не приносит уверенности в себе, ибо он каждую секунду может исчезнуть, начинающим — не даётся шанса на серьёзную роль. Успех не приносит желания стать ещё лучше, провал ничему не учит!

Стервятники типа *Меррика*, взвинтившие до предела ставки в этой адской рулетке, повинны в нынешних предсмертных судорогах бродвейских театров — как драматических (на театральном жаргоне — *легитимных*), так и мюзиклов», — гремел Аронсон в эфире своим тяжёлым русским акцентом.

Впервые услыхав подобные обвинения в свой адрес, Меррик только усмехнулся в усы. Для него это означало, что он достиг наконец желаемого статуса. Теперь он был настоящим бродвейским продюсером — и уж он-то точно знал, как спасать театр, когда тот агонизирует.

# ПОЗНАВАЯ СЕКРЕТЫ
## ЖИЗНЕННОЙ ЭНЕРГИИ ТЕАТРА

Но мы забегаем вперёд. А пока что фамилия Меррика никому не знакома, и он решает пойти работать клерком в контору известного продюсера Германа Шумлина за символическое жалованье, чтобы овладеть профессией изнутри, с самых её, что называется, азов. И не нужда в куске хлеба — её как раз не было, но лишь дьявольская жажда успеха диктует его действия.

Что же касается диагнозов смертельной болезни Бродвея, то даже известный своим про-британским снобизмом обозреватель Сесил Битон писал об этом следующее:

«Бросьте чесать языками! Бродвейский театр до сих пор куда живее всех театров Европы. В Лондоне давно закрылись прошлогодние постановки — а на нью-йоркской сцене они держатся по три, а то и четыре года, и список зрелищ там поражает щедростью и разнообразием, ибо житель Нью-Йорка посещает театр куда чаще и охотнее, чем лондонец».

Британский театровед уловил невероятную жизненную энергию, исходящую из самых недр американского театра. И его не отвратила ни наивная вульгарность музыкальных сюжетов, ни эклектика надёрганных отовсюду номеров обозрений, ни даже вечное отсутствие единства между кордебалетом и главными исполнителями. В конце концов Чарли Чаплина Америке подарил именно английский мюзик-холл. Не королевский «Друри Лэйн», а странствующий театр, не имевший ни постоянного репертуара, ни даже постоянной сцены.

«Пока существует хоть один чудила, готовый лицедействовать, то есть *действовать в лицах*, — повторял Битон слова Всеволода Мейерхольда, — и хоть один человек, готовый за это зрелище платить, — есть театр. Убери их —

и не помогут ни культурные традиции, ни роскошные здания, ни денежные дотации. Язык театра бесконечно разнообразен, но существует театр для *публики* — и в этом и есть его суть и смысл».

Борис Аронсон, громивший по радио идею коммерческого театра с высоких позиций, в кругу друзей высказывался более прозаично. «В театре все мы обречены зависеть то от полоумных поэтов, то от владельцев бакалеи, колбасников, — сказал он однажды. — Нынешнее время работает на последних».

И хотя никому в голову не пришло бы заподозрить Меррика в принадлежности к поэтам, несправедливо будет считать его и колбасником. Ибо, зная язык колбасников, он использовал их, чтобы привлекать средства для многих полоумных поэтов. А заодно обеспечивать работой армию высокооплачиваемых театральных конструкторов и техников — по общему мнению, самых лучших в мире. В числе «полоумных поэтов», кстати, оказались и Бертольд Брехт, и Джон Осборн, и Теннесси Вильямс, другом и поклонником которого всю жизнь оставался Меррик.

Мы ещё вернёмся к медленному, но непрерывному росту уникальной карьеры Дэвида Меррика, однако прежде перенесёмся на сорок лет вперёд, ближе к её окончанию.

# ЦЕЛЬ — ТРИУМФ
## ВОПРЕКИ ПРЕДСКАЗАНИЯМ ГИБЕЛИ

Лето 1980-го. Несгибаемый Меррик, символ покорения Бродвея и Голливуда, возвращается из Калифорнии домой в Нью-Йорк, в театр — с целью триумфального завершения своего долгого творческого пути.

Многое произошло за годы работы: за спиной беспрецедентная цепь успешных премьер, дерзкие открытия дотоле неизвестных талантов; несколько грандиозных провалов, ничуть, впрочем, не пошатнувших его уверенности в себе; слава тирана и злого гения театрального мира, и одновременно — мастера популярных зрелищ; три развода и бесконечное количество судебных исков. Если Меррик подписывает контракт, то лишь с одной целью — непременно его нарушить: таково мнение многих его коллег.

Неизменным остаётся одно: бродвейскому коммерческому театру, как и прежде, предрекают близкую смерть различные театроведы и обозреватели — в книгах, университетах, в газетах и на телевидении. Уже несколько лет самое слово «мюзикл» театралы-любители произносят чуть ли не вполголоса. Среди серьёзных критиков оно становится почти неприличным, вроде слова «чечётка».

В моде царят новые термины и новые жанры массового музыкального зрелища: *рок-опера, хэппенинг, культовые политические мистерии*. Слово «талантливо» в качестве комплимента в рецензиях больше не употребляется, его заменяют на модное *«релевантно»* (от *relevant* — злободневно). Наличие таланта более не является обязательным качеством на Бродвее.

Левые молодёжные издания безжалостно громят традиционные музыкальные спектакли «за аполитичность», «за дешёвые эффекты», «за буржуазность», «за сытую развлекательность». Театры начинают нести убытки, молодёжь предпочитает им массовые рок-концерты на стадионах, на открытых площадках, просто на политизированных сходках или рок-марафонах по типу Вудстока. Грубые огненные столбы и дымовые завесы рок-концертов на стадионах при этом дешёвкой никому не кажутся.

В критике царят двойные стандарты, откровенная любительщина приветствуется подпевающей толпой, и теперь любая наспех скроенная из нескольких нот песенка может без труда найти себе *альбомного* (грамофонного) продюсера и пробиться на массовый рынок — лишь бы в ней осуждалась война во Вьетнаме, а полисмены чтобы величались не иначе, как «свиньями».

Пытаясь спасти жанр мюзикла, продюсеры пробуют даже раздевать донага исполнителей («О, Калькутта!»); обходя цензурные рогатки, выдумывают различные предлоги для показа эротических сцен, граничащих с порнографией, но это помогает мало, посещаемость спектаклей неуклонно падает.

И вот в такой обстановке Меррик громко объявляет, что сейчас он «покажет всем, как это делается», дабы скептики убедились, что и Бродвей, и он, его символ, живы, здравствуют и отнюдь не собираются умирать. Ему, однако, прежде предстоит это ещё доказать, ибо после нескольких неудач корона Меррика слегка потускнела, и, предсказывая мюзиклу и Бродвею неизбежный конец, «Нью-Йорк Таймс» не без злорадства намекает, что сочтены и дни его властелина-деспота: он — живой анахронизм, динозавр, и ничего стоящего внимания современной публики ему больше ей не предложить.

«Что ж, время покажет, — парирует Меррик, — и ждать придётся недолго».

## ЕГО ГЛАВНАЯ СТАВКА НА УСПЕХ

После двух месяцев переделок и пробных показов в Вашингтоне шоу Меррика «Сорок вторая улица» переезжает в Нью-Йорк. Там, в театре «Зимний сад» на Бродвее, днём проводится финальная репетиция перед премьерой спектакля.

После обычной команды занавес начинает медленно ползти вверх, но неожиданно застревает на уровне колен выстроившегося на сцене ансамбля, так что видны только лодыжки и подкованные для чечётки туфли танцоров. По какой-то причине и оркестр опаздывает, не вступает вовремя; возникает пауза, это типичная *накладка*. Суеверные актёры считают это дурным предзнаменованием.

Надо начинать заново. Но режиссёр-постановщик и хореограф спектакля Гауэр Чампион шепчет что-то на ухо ассистенту и тот кричит:

— Главам секций! Операторам занавеса! Запомнить! Так будем теперь начинать: занавес на трёх футах — стоп, мёртвая пауза — семь секунд. Дирижёру! Увертюру начинать только после команды менеджера «Пошёл!» Записать сразу же. А сейчас всем — перерыв пять минут.

Двое незнакомых мужчин осторожно выводят режиссёра под руки к выходу, третий расчищает перед ними проход и открывает боковую дверь, возле которой ждёт автомобиль с тёмными стёклами. Режиссёра почти вносят в машину, включается сирена, и все уезжают. Гауэр Чампион нездоров, ему необходимо срочно вернуться в госпиталь и снова подключиться к капельнице и спасительным кислородным трубкам.

Гауэр Чампион — это главная ставка на успех продюсера Меррика. Они знают друг друга девятнадцать лет. Это Гауэр поставил шоу, принёсшее Меррику мировую славу, «Хэлло, Долли!». Оно до сих пор ещё идёт по всему миру, на четырнадцати языках, включая такие необычные, как *тагалог* и *урду*.

Их сотрудничество пережило три брака Меррика из четырёх и два — Гауэра Чампиона. Что, впрочем, не сделало их отношения менее конфликтными: с Мерриком такое вообще невозможно.

Но сейчас у обоих есть общие причины волноваться. После месяцев пробных показов в Вашингтоне их бюджет вышел из-под контроля, переделки на месте потребовали добавочных декораций — это утяжелило их вдвое, и старые сценические подмостки «Зимнего сада» не выдерживают такого веса. Приходится заново заказывать оформление сцены в дорогом Нью-Йорке. Вместо одного миллиона восьмисот тысяч бюджет теперь приближается к трём.

И винить в этом Меррику некого, кроме самого себя: это он настаивал на пятидесяти четырёх хористах, на полном оркестре в тридцать один инструмент и на дорогостоящих костюмах. Не слушая возражений, это он выкупил у партнёров их долю в постановке за 180 тысяч и стал единственным и полноправным владельцем антрепризы.

Саму историю Меррик выкопал из старого *стопроцентно звукового* фильма 1933 года студии Братьев Уорнер. Обычный набор пошлых, обывательских представлений о шоу-бизнесе и цене успеха в нём; глупое кино, от которого ничего не осталось, кроме популярной песенки «Бродвейская Колыбельная», да ещё, пожалуй, титульного музыкального номера «Сорок вторая улица».

Ах, какая разница? По замыслу Меррика, новый спектакль таким и должен стать: наивным, как старая добрая оперетта, изящным, весёлым и... шикарным.

Чего-чего, а шика в продукции хоть отбавляй — расходы растут как на дрожжах!

Однако Меррик знает, что настоящий успех зависит вовсе не от количества денег, а от качества их употребления: то есть от масштаба таланта исполнителей — и это тревожит его куда больше, чем шик.

Главная героиня — Ванда Ричерт, на которой настоял режиссёр. Талант её не подлежит сомнению. Но достаточен ли он, чтобы вытянуть на себе гигантское зрелище с ещё пятью десятками талантов на сцене — вот вопрос... Самое главное — Гауэр не хочет и слышать о дублёрше: он знает Меррика как облупленного и не даёт ему в руки этот рычаг абсолютного контроля над спектаклем, произведением, которому и сам он уже отдал столько сил.

Меррику, в свою очередь, не нравится упрямство режиссёра. Он уже давно выяснил, что Гауэр и ведущая актриса находятся в отношениях... о'кей, несколько романтических. Это как раз продюсеру не мешает: он тоже неплохо знает своего любимого режиссёра и считает его увлечения нормальной частью *рабочего процесса*.

Но чтоб ни у кого не оставалось сомнения, кто при этом босс, кто здесь главный, Меррик взял да и нанял молодую дублёршу сам. Более того — он заставил Гауэра представить её остальным исполнителям, даже не предупредив об этом заранее мисс Ричерт.

У ослабленного болезнью режиссёра не достало сил спорить, и счёт стал один-ноль в пользу Меррика. Но проблема оказалась куда сложней, чем предполагал Меррик. Гауэр, ссылаясь на нездоровье, начал пропускать вашингтонские репетиции.

Меррик не забыл, что когда-то перед премьерой «Хэлло, Долли!» самолюбивый режиссёр вообще запретил ему появляться на репетициях, дабы тот не давил своим присутствием на психику актёров и не пугал их своими «рачьими глазами». Меррик согласился без звука: он уже тогда учуял, что набрёл в лице Гауэра на золотую жилу. Но сейчас...

Сейчас Меррик вызвал из Нью-Йорка *шоу-доктора*. Так называют профессионалов, специализирующихся на срочной, но без дополнительных затрат помощи захромавшим постановкам. Ведь успеху так часто не хватает всего лишь небольшой поддержки, доброго совета со стороны — свежей идеи, чтобы расчистить ему дорогу на Бродвей, — так невинно сообщил труппе Меррик.

Трюк сработал. Узнав о приезжающем «докторе», Гауэр сразу же перестал пропускать репетиции, несмотря на жестокое недомогание. Его бил озноб. Ему пришлось ставить танцевальные номера в жару при выключенных кондиционерах, как всегда, самому показывая хористам рисунок танца и основные позиции. Это было нелегко в 59 лет, но работа шла вперёд.

«Доктору» щедро заплатили и отправили домой. Зато сразу после репетиций к настоящим докторам стал уезжать сам измочаленный хореограф, и те держали его на ногах, сбивая температуру самыми сильными средствами.

# НАКОНЕЦ-ТО
## ОКОНЧАТЕЛЬНАЯ ДАТА ПРЕМЬЕРЫ

Вашингтонские рецензии были скверными, но рецензии никогда не пугали Меррика: он знал цену провинциальным критикам. Важным было то, что за пять недель пробных показов на публике его шоу собрало в Центре Кеннеди один миллион сто пятьдесят тысяч долларов, что было рекордом для главной сценической площадки столицы США. Бравура постановки явно вызывала ответные чувства у публики; Гауэр Чампион полностью сохранил золотой *тач*, своё уникальное чувство связи со зрителем.

Однако Гауэр всё ещё упрямо настаивал на необходимости нескольких пробных просмотров на публике в Нью-Йорке. Там совершенно иной зритель, напоминал он, и иная пресса: важно было проверить реакцию избалованной столичной публики на выходы звёзд, на драматические акценты, на музыкальные репризы и паузы — и сделать необходимые поправки.

Меррик понимал Чампиона и запланировал для него в Нью-Йорке достаточное количество *публичных прогонов*, как говорят на жаргоне. Труппа прибыла в Нью-Йорк, где прогоны эти должны были начаться 2 августа с тем, чтобы подготовиться к официальной премьере 10-го. Но что-то заставляло Меррика задерживать размещение обычной рекламы на первой странице «Нью-Йорк Таймс».

Открывшаяся было касса на следующий же день по его команде была закрыта, деньги за билеты возвращены публике. Возвращать деньги?! Это было так не похоже на Дэвида Меррика. Его пресс-агент объяснял газетам, что потребовалось время, чтобы восстановить потрёпанные в Вашингтоне декорации, но мы уже знаем, что их пришлось целиком переделывать заново, под новую сцену.

Однако Меррика в Нью-Йорке тревожили вещи куда более серьёзные.

3 августа спектакль показали делегатам Демократической партии, съехавшимся на свой съезд. Это обернулось катастрофой. После целого дня приёмов и дружеских попоек делегаты оказались не в состоянии, да и не в настроении молча провести вечер в душном зрительном зале. Во время действия они громко разговаривали, перекликались друг с другом, выходили в фойе покурить, а само бродвейское шоу их совершенно не интересовало.

Меррик распорядился, чтобы наутро вся труппа снова явилась на репетицию, и снова началась напряжённая работа.

По городу поползли слухи, что со спектаклем что-то неладно, и Меррик знал опасность таких слухов. Нью-йоркские сплетни были куда вредоноснее, чем самые разгромные провинциальные рецензии.

9 августа он поместил в «Нью-Йорк Таймс» две колонки следующего содержания:

*«Там, Наверху, в Высшей Инстанции, мне дали понять, что наш спектакль будет очень важен для людей во всём мире в эти тяжёлые времена. Там, Наверху, хотят убедиться, что работа наша вполне готова к тому, чтобы стать незабываемым зрелищем на Бродвее. Высшая Инстанция даст мне знать, когда уверится, что постановка готова к показу. Я, как продюсер, ожидаю Оттуда курьера. Когда он прибудет и передаст мне Слово, я помещу в газетах объявление о дате премьеры и открою спектакль точно в срок».*

Но ма́стерская, хоть и безумная в своей мегаломании реклама ни в коей мере не решила проблемы режиссёра. Чемпиону действительно требовалась живая генеральная репетиция со зрителями, заплатившими за билеты. Он сделал серьёзные изменения во время нью-йоркских репетиций; жизненно важно было проверить их на публике. Больше он не в силах был играть вслепую, как в шахматы без доски. Последние поправки режиссёр вносил, чувствуя себя скверно, с высокой температурой, и теперь не был уверен в их эффективности.

На плечах Меррика также лежал тяжёлый тайный груз, день за днём заставлявший его отодвигать долгожданную премьеру. Он как мог подальше держал от театра недружелюбных репортёров из либеральной прессы, жаждавших разузнать подробности о конфликте между тираном-продюсером и его творческой группой во главе с упрямым режиссёром. Ещё в Вашингтоне Меррик пытался уволить главного художника и дважды — музыкального директора. Пусти репортёров в театр — и начнётся скандал с собиранием закулисных сплетен и угрозами судебных исков всех недовольных.

Меррик чувствовал, что любые подробности способны убить премьеру. У него были на это серьёзные основания. Проба на публике была объявлена тринадцатого и снова отменена, вместо неё — снова закрытые генеральные репетиции-прогоны, включая участие билетёров и уборщиков туалетов. Весь первый ряд Меррик приказал заполнить мягкими огромными игрушками: бегемотами, пандами, котами и мишками. Гауэр хотел зрителей — он их получил.

А какой-то журналист, разъярённый загадочным молчанием обычно жадного до рекламы Меррика, ехидно замечал в своей колонке, что его «курьер Свыше», вероятно, не заставит себя долго ждать, ибо одно лишь жалованье актёрского состава обходится Дэвиду Меррику более ста тысяч в неделю.

Наконец газеты объявили об окончательной дате премьеры: понедельник, 25 августа. Реклама обещала «неслыханный праздничный фейерверк музыки и танца с пятьюдесятью четырьмя участниками».

В субботу утром, так и не проверив живой реакции публики, Гауэр Чампион в сопровождении медиков приехал в театр, чтобы прогнать в последний раз перед премьерой целиком свой спектакль и пожелать удачи труппе. Его, однако, как мы уже знаем, хватило лишь на то, чтобы сделать последнюю поправку, после чего он вынужден был вернуться назад в больницу.

Утром в день премьеры офис Меррика обзвонил рецензентов и репортёров и, извинившись, попросил их, в нарушение обычая, не спешить к столам своих ночных редакций сразу после заключительного номера шоу, но дождаться конца выходов на поклоны. Журналисты согласились, хотя и с неудовольствием. Их рецензии должны были попасть в утренние газеты, и на счету была каждая минута. Телевизионным станциям, до того полностью лишённым доступа к труппе, также разрешили передать в эфир выходы на поклоны. Сам же Меррик на телефонные звонки упорно не отвечал.

# ПРЕМЬЕРА
## СТАРЫЕ ДЕНЬГИ И ГРОМКИЕ ИМЕНА

Вечер премьеры «Сорок второй улицы» явился для настоящих театралов, вероятно, последней оказией окунуться в праздничную атмосферу старого доброго Бродвея; его традиционные блеск и мишура, *старые* деньги, громкие имена, журналистская шумиха и сверкание прожекторов затмевали и заглушали и скромные объявления некоммерческих театров, тогда ещё только начинавших своё движение в сторону Таймс-Сквер.

Вспышки фотографов выхватывали знакомые всем по газетам и журналам лица. Вот режиссёр Барбры Страйзанд Гарсон Канин — он был известен тем, что в своё время заплатил Станиславскому тысячу двести долларов за два часа урока режиссуры; вот его жена Рут Гордон, актриса, первой сыгравшая когда-то роль Долли Леви в старом фарсе «Сваха», который вырос потом в знаменитую «Хэлло, Долли!»

Среди отнесённых светскими репортёрами в категорию *и прочие* были: советник президента Генри Киссинджер, драматург Нейл Саймон, актриса Энн Бакстер, известная в России по фильму «Всё о Еве»; давний друг Гауэра Боб Фоссе, постановщик «Кабаре»; вторая жена Чампиона Карла; Грег и Блэйк Чампионы, его сыновья от первой жены.

Сам режиссёр не смог присутствовать на премьере. Наиболее осведомлённые зрители уже знали из сплетен театральной хроники, что вирус уложил постановщика-хореографа в больничную кровать.

Но о больном все забыли, когда притушили огни и чуть приподнялся занавес, открывший зрителям сто восемь напряжённо застывших в позиции ног в *чечёточных* башмаках. Из оркестровой ямы грянула полнокровная медноголосая увертюра, раздался крик ведущего спектакля «И-и-и — пошёл!» Занавес медленно пополз вверх, и пущенная во всю ширину сцены чечётка огромного танцевального ансамбля заглушила даже мощный оркестр.

Зал взревел от восторга. Публику собирались откровенно развлекать. И ей предлагали полностью, безраздельно отдаться музыке, сверкающему празднику театральных огней, танцоров, их костюмов на сцене; отдаться, ничуть этого не стесняясь и нимало не заботясь о мировых проблемах, оставшихся за стенами зрительного зала. Или, если угодно, — о неизбежной гибели коммерческого театра и вместе с ним — бродвейского мюзикла...

Это был триумф!

# «ЭЙ, ВЫ НЕ ПОНЯЛИ — ЭТО НЕ ШУТКА!»

Когда шоу закончилось и исполнители вышли на поклоны, занавес пришлось давать десять раз, но зал не переставал аплодировать. Представитель профсоюза срочно искал продюсера, чтобы оформить с ним компенсацию рабочим сцены за сверхурочное время, вызванное непрекращавшейся овацией. Но того нигде не было видно.

Меррик неожиданно объявился на сцене, лишь когда занавес пошёл вверх в одиннадцатый раз. Зал снова взорвался аплодисментами. Многие среди зрителей считали, что он вполне их заслужил, хоть и не был формально автором-творцом. Но ни один из создателей, включая и самого Чампиона, не был крепче связан с «Сорок второй улицей», чем Меррик, — о чём, вне всякого сомнения, он озаботился заранее напомнить публике в своих пресс-релизах. Актёры на сцене тоже начали было аплодировать своему кормильцу-продюсеру, но он поднял руку, прося слова. Зал затих, приготовившись выслушать триумфатора.

Меррик опустил глаза:

— Я должен с прискорбием сообщить.., — начал он, и его заглушил хохот и восторженный рёв зала.

Зная склонность Меррика к грубоватым остротам и бахвальству, премьерная публика восприняла его неуместную скромность как хорошо срепетированную шутку. Но он неожиданно заслонил ладонью глаза от слепивших его прожекторов и заорал в зал:

— Нет-нет, перестаньте! Вы не поняли. Это — трагедия. *Гауэр Чампион **умер** сегодня утром!*

С этими словами Меррик пересёк сцену, чтобы обнять онемевшую от ужаса Ванду Ричерт. Сделал ли он это для камер телевидения, или искренне выражал свои чувства

Ванде — кто знает?.. Гробовое молчание по обе стороны рампы было ответом на его порыв.

Джерри Орбах, главный исполнитель мужской роли, первым пришёл в себя. Зритель никогда не должен быть свидетелем реальных актёрских слёз, никогда!

— Давай! Давай его вниз! — закричал он механикам занавеса, и через минуту актёры смогли наконец дать волю своим чувствам.

На Бродвее не принято произносить слово «занавес» — такая примета. Говорят просто: «Пошёл вверх!» или «Давай его вниз!»

«Занавес!» говорят, только если кто-то умер прямо на сцене...

Меррик узнал от Гауэра, что тот неизлечимо болен, прямо перед отъездом в Нью-Йорк. То, что газетам преподносилось как вирусный грипп, было на самом деле редким злокачественным заболеванием крови под названием *макроглобулинемия*.

Меррик понял, что должен носить эти новости в себе. Ему было шестьдесят девять лет, и без Гауэра ещё один шанс произвести на сцене что-либо значительное казался маловероятным. Гауэр и сам рвался репетировать с актёрами, зная, что время его поджимает, а призрак успеха уже носится в воздухе. Он спешил закрепить этот успех. Того же хотел и Меррик. Оба договорились держать язык за зубами. Труппу четыре месяца готовили к созданию праздника на сцене — а не к тризне.

Что, впрочем, не помешало обоим спорить до хрипоты о последних деталях постановки и исполнителях — работа есть работа.

Невзирая на отчаянные возражения Чампиона, дублёршу Меррик упрямо продолжил держать наготове. Он не мог оставить три миллиона своих инвестиций и год адской работы на милость бродвейской дивы без всякой подстраховки. Гауэру это было трудно понять: всё-таки он прежде всего был артистом, а не бизнесменом... поэтом, а не лавочником бакалеи.

Каждую свободную минуту Меррик проводил в госпитале у Гауэра, скрупулёзно записывая каждое его замечание, но никак не мог начать публичные прогоны, боясь, что вездесущая пресса пронюхает правду о фатальной болезни главного режиссёра и хореографа. Оба очень надеялись на последний генеральный прогон перед самой премьерой, но и этого не случилось: болезнь побеждала. Никто, кроме Меррика, не знал, что в воскресенье Гауэра перевели в реанимацию с почечной недостаточностью; началось внутреннее кровотечение, и его счёт пошёл уже на часы. Рано утром в понедельник продюсеру позвонили из госпиталя сообщить, что до рассвета Гауэр не дожил.

Меррик договорился с семьёй и врачами отложить на двенадцать часов официальные сообщения о смерти, пока не начнётся представление, сам же срочно связался с ассистентами и назначил две полных репетиции подряд, так называемый марафон, начиная с девяти утра. Завтрак, ланч и обед для сотрудников приносили прямо в наглухо закрытый для посторонних театр; Меррик позаботился даже, чтобы штат официантов был нанят из соседнего обычного ресторана, а не из ушлых и болтливых околотеатральных буфетчиков.

Так ему удалось сохранить секрет, по крайней мере, до начала второго акта. В перерыве репортёр «Дэйли ньюз» уже получил печальные новости от редакции по телефону, но слух распространялся по залу медленно и через рампу перейти не успел. До самого конца шоу актёры оставались в блаженном неведении и с энтузиазмом выполняли главное требование своего режиссёра: играть так, словно это было не результатом изнурительной полугодовой работы, а просто забавой, случайно посланной им с неба, счастливой возможностью повеселиться от души.

Одной лишь *Высшей Инстанции* дано было знать, чем могла бы закончиться премьера, услышь актёры о кончине Гауэра Чампиона и его мучительной борьбе со смертью за блестящую победу спектакля на Бродвее.

«Сорок вторая» продержалась на сцене восемь с половиной лет. Её отыграли 3486 раз, далеко опередив легендарную «Хэлло, Долли!» с её 2844 представлениями.

Когда некоторое время спустя репортёры заметили Дэвиду Меррику, что его сообщение о кончине Гауэра перед работающими в прямом эфире телевизионными камерами, «случайно оказавшимися в театре», сильно напоминает дурного вкуса мелодраматический рекламный трюк, — он вместо того, чтобы как обычно взорваться и пригрозить наглецам судом, опустил глаза и сказал:

— Вам этого не понять. Я всей душой любил этого человека! — помолчал и добавил: — Возможно, это выглядело малость бестактно и грубовато. Но я... я просто не умею иначе...

# НОЧЬ ОЖИДАНИЯ

Традиция сделала актёрские ночные бдения после премьеры неотъемлемой частью театра на Бродвее. Благодаря журналистам самой широкой публике известно, что никто из актёров не спешит домой отдохнуть после спектакля. Даже те, кто никогда не бывал в театре, знают, что, сняв грим, вся труппа будет за ужином до рассвета ожидать выхода утренних газет с рецензиями.

Приговор театрального критика издавна означал для участников либо несколько лет хорошо оплачиваемой работы, богатую творческую жизнь, известность, либо — продолжение проб на любые роли, безработицу — и никогда не умирающую надежду на ещё, ещё хоть один счастливый шанс...

Эта ночь ожидания объединяет и начинающего танцора из третьего ряда кордебалета, и диву-звезду, чьё имя привлекло в проект финансистов, этих чудил, вложивших свои деньги в рискованнейший бизнес — да и самогó главного антрепренёра, оплатившего весь этот ночной банкет. Его будущее точно так же поставлено на карту, как и тех, кому положено обращаться к нему только через секретаря.

Всю свою долгую карьеру Дэвид Меррик старался избегать участия в сборищах подобного типа. Он почти не употреблял алкоголь из-за мучившей с юности язвы желудка, не любил дорогие сигары и вообще он чувствовал себя неуютно среди коллег в больших и шумных компаниях.

А самое главное — он не полагался на критиков! Сорок лет работы в театре убедили его, что скверная рецензия не обязательно означает провал в кассе — и наоборот, даже мощный хор хвалебной прессы не в силах превратить зрелище, не принятое публикой, в так называемый *«хит»*.

После премьеры Меррика скорее всего можно было обнаружить в какой-нибудь грязноватой кафетерии на Таймс-Сквер, в ожидании газет жующим чёрствый сэндвич за одной стойкой с бродягами и ночными девицами.

## ПРАЗДНИК РОЖДЕНИЯ НОВОГО ЗРЕЛИЩА
### ИЛИ ТРИЗНА ПО ЕГО СОЗДАТЕЛЮ?

Однако ночь после «Сорок второй» была исключением. Вслед за всем составом Меррик занял столик в банкетном зале отеля «Уолдорф Астория». Он не очень понимал, как себя вести, что говорить, какое приличествующее случаю выражение придавать своему лицу. Сидел он в дальнем углу в компании старых знакомых, Нейла Саймона и Боба Фоссе, и молча потягивал свою воду, чуть подкрашенную каберне, без улыбки односложно отвечая на поздравления.

На сей раз, впрочем, в своём замешательстве Меррик был не одинок. Все остальные точно так же не вполне были уверены, для чего, собственно, они собрались в этом зале: то ли отпраздновать рождение спектакля, теперь уже вне сомнения — вехи, события в истории театра; то ли чтоб почтить память его создателя, последние капли своего таланта отдавшего этому новому шоу на Бродвее.

Что делало атмосферу поистине невыносимой, это то, что верным было, пожалуй, и то, и другое.

Свет в зале был притушен, люди разговаривали мало. Даже у репортёров поубавилось их обычного нахальства, и они старались задавать свои вопросы как можно тише. Никому не приходило в голову произносить тосты или звенеть бокалами. В память об умерших не принято чокаться, хотя лишь немногие из гостей знали об этой традиции, привезённой когда-то на Бродвей евреями из России.

— Вот напишешь такую сцену — и на первой же репетиции её вымарают из пьесы. Скажут: надумано, сгущенò, мелодраматично, *неправдоподобно*… — вполголоса заметил репортёру Нейл Саймон. — А между тем на небесах создают в жизни ситуации куда более абсурдные, чем профессионалы только способны вообразить…

После полуночи Ванда Ричерт, прима, в конце концов не выдержала давящего напряжения, направилась к столам хористов и наскоро собрала линию танцоров. Большинству из них в прошлом приходилось работать вместе с ней в другом спектакле, «Кордебалет», и они помнили оттуда финальный номер. «Первый!», хоть и поставленный другим хореографом, он как нельзя лучше подходил для того, чтобы отдать дань памяти Гауэра, её последней любви.

Хористы выстроились в ряд посреди зала.

Пианист проиграл вступление, и слова первого же куплета заставили замолчать всех гостей.

«Первый! —
В танце,
В каждом
движении,
в каждом па,
Он на сцене —
и он
сен-
сация:
Ру-ко-пле-щет
толпа.
Первый!
миг
его выступления —
вы в плену навсегда.
Он —
сен-
сация,
он —
явление!
Он — звез-да!!!»

В центре линии Ванда танцевала «в образе», с требующимися по роли искрами в глазах и голливудской улыбкой. По лицу её при этом стекала размазанная слезами тушь, но она даже на миг не вышла ни из ритма, ни из рисунка танца.

На всю жизнь профессионалы запоминают малейшие детали танца, наработанные много лет назад на репетициях. Это уникальное бродвейское сочетание свободы, лёгкости, даже кажущейся грациозной небрежности исполнения — и точнейшей техники, железной дисциплины синхронного движения группы — сейчас производило на гостей эффект почти пугающий: зрелище напоминало настоящий *dance macabre*, пляску смерти.

# ПРЕРВАННАЯ ПОПЫТКА ПОГРУСТИТЬ

В третьем часу ночи Меррик взял с собой всё ещё дёргавшуюся от рыданий Ванду и ещё пару служащих своего офиса и отправился на Ист-Сайд к «Илэйн’з». В этом неказистом на вид ресторанчике, вечно набитом до отказа знаменитостями, он надеялся в более спокойной атмосфере забыть, наконец, кошмарный фарс театральных поминок — и молча вспомнить и поставить точку на своей долгой дружбе с режиссёром.

Столь необычному для него этому меланхолическому желанию не суждено было сбыться.

Не успел он пройти к столику, как его остановила сильно подвыпившая Лиз Кэйл, ведущая-сплетница из программы «Эн-Би-Си» «*Лайф афтер файф*».

— Хэй, Дэвид, — спросила она, — это правда, что ты нарочно тянул с премьерой, чтобы дождаться, пока твой партнёр Гауэр не отправится на тот свет?

Обычно Меррик спокойно, с равнодушием клерка похоронного бюро воспринимал разговоры о смерти. Но сейчас щёки и лоб его налились свекольным румянцем:

— Мне не хотелось бы думать, Лиз, что ты — либо наглая тварь, либо набитая дура, — лениво растягивая слова, ответил он ей. — Ты просто хватила сегодня лишку. А утром придёшь в себя — и извинишься за это.

— Погоди! Лишку — не лишку, но с памятью-то у меня всё в порядке, — повысила голос Лиз. Заткнуть рот суперсплетнице было не так-то просто.

— Не ты ли недавно заявил в «Таймс», что о сроках премьеры ждёшь указания Свыше? С кем же это ты так удачно *Там, Наверху,* договорился, расскажи нам, — и Лиз торжествующе огляделась вокруг, предвкушая скандал, смешки и, кто знает, возможно, даже и драку.

Но ответом ей была гробовая тишина.

То, что поначалу коллегами не без зависти воспринималось как крикливый, но талантливый рекламный трюк, как остроумный выход из кризиса отложенной премьеры, теперь вызывало у них иные, весьма странные ощущения, наводило на мысли о его даре предчувствия, о предвидении, о судьбе...

Всего через тринадцать часов после смерти Гауэра имя «Меррик» перестало быть просто синонимом ловкого шоумена — оно превратилось в мистику, в миф! С тех пор его стали побаиваться...

Не добившись желаемой реакции, старая змея из «Эн-Би-Си» уползла назад в полумрак зала, но Меррику это не доставило ни радости, ни даже удовлетворения. Ему было не до того: его мучила изжога, и он думал о Гауэре. Остаток ночи Дэвид провёл за чаем из ромашки и бутылкой минеральной воды.

Он смог, наконец, помолчать в компании тихо напивавшейся пары его служащих-геев и почти успокоившейся пьяной Ванды. Благоволившая Меррику хозяйка заведения Илэйн зорко следила, чтоб никто больше не подсаживался к нему и не мешал рефлексировать. А сам он, по привычке царапая карандашом каракули на салфетках, вспоминал, какими адскими усилиями создавался его миф; вспоминал трудное начало своей карьеры, свой самый первый мюзикл на Бродвее...

# АКТ ВТОРОЙ

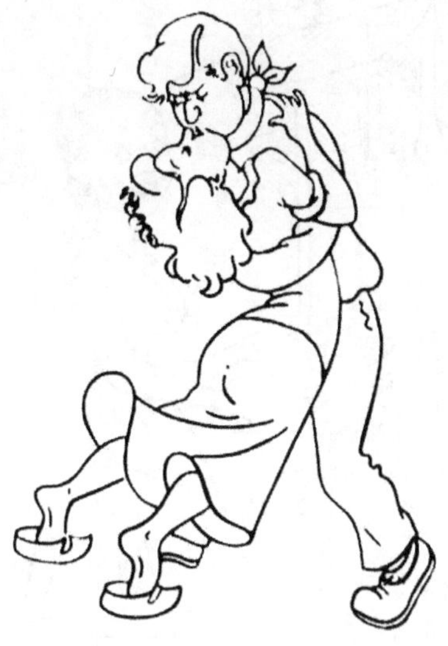

# В КРАЮ НЕРАВНЫХ ВОЗМОЖНОСТЕЙ

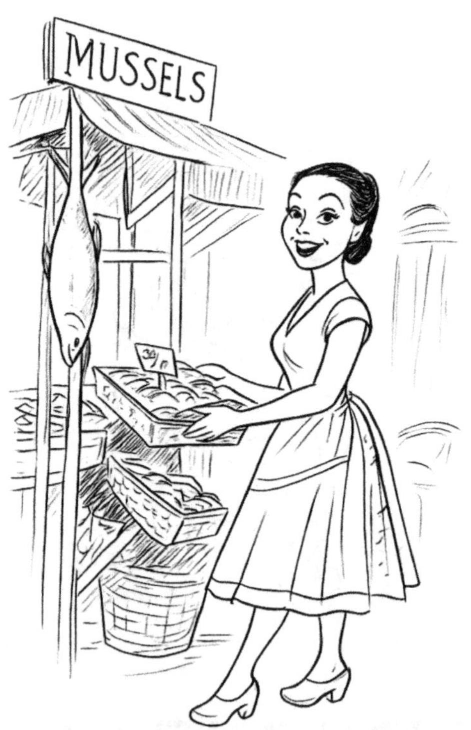


**FANNY**

# ХУЖЕ, ЧЕМ БЫТЬ ИММИГРАНТОМ

...Oн не помнил, как и зачем оказался однажды вечером в районе Западной 95-й улицы. Может, просто пошёл после работы вверх по Бродвею, вместо того чтобы пойти домой, вниз. А может, была назначена в тех местах какая-нибудь маловажная встреча, за которую он ухватился, чтобы не спешить к себе.

В последние годы они с женой редко ужинали вместе. Леонор как могла старалась делать его домашнюю жизнь комфортабельной, не мешающей делам, незаметной. И не то, чтобы это не получалось: у неё был вкус, она была верным другом, знала толк в настоящих, важных в жизни вещах. Просто взяла она на себя непосильную задачу.

В их нью-йоркской небольшой, но элегантной квартирке Дэвиду всё напоминало о его прошлом, то есть именно о том, от чего он с яростной энергией старался как можно скорее избавиться.


Разношёрстное, разноязыкое население Америки постоянно нуждалось в *уравнителях-миротворцах* — иначе общество неизбежно распалось бы на мириады обособленных, вечно враждующих друг с другом группировок.

На диком Западе такую роль успешно выполнял сорок пятый калибр: армейский *Colt — Single Action* или *Magnum*. С расстояния в семьдесят футов можно было уравнить самого слабого, измождённого голодом нищего с любым сытым атлетом, владельцем тугого кошелька.

В Калифорнии таким уравнителем служил Голливуд.

На Востоке — шоу-бизнес Нью-Йорка.

За одной стойкой бара в *«Сарди'з»* можно было встретить и циркового зазывалу, решившего поразить публику гигантской гориллой на крыше небоскрёба «Импайр», и его собутыльника, петербургского профессора литературы, мечтающего увековечить на экране «Войну и мир». Антрепренёры с равным вниманием прислушивались к горячечному бреду обоих.

Продюсеры и агенты хорошо знали, что в бормотании голодных мечтателей могут быть скрыты немалые доллары.

В городе, где рос Дэвид, подобных уравнителей, увы, не существовало. Сент-Луис, Миссури, с его крепкой католической традицией, весьма неохотно принимал в свою среду посторонних — иноверцев и инородцев. Хуже, чем быть просто новым иммигрантом, там могло быть только одно: быть новым *еврейским* иммигрантом из России. Но ещё хуже, чем быть просто российским евреем, могло быть ещё и *нищим* евреем.

Сыну зеленщика Сэма (Самуила) Маргулиса Дэвиду выпало расти и тем, и другим, и третьим.

Когда, не выдержав припадков шизофрении жены, отец оставил семью, Дэвиду было семь лет. Через три года мать пришлось отправить в психиатрическую больницу.

К счастью, три старшие сестры мальчика уже были замужем, а брат заканчивал медицинский колледж. Договорились, что Дэвид будет жить по полгода в семье каждой из сестёр, пока не окончит среднюю школу.

С этого момента добывание денег (именно так он называл заработок) стало для десятилетнего мальчишки одной из самых насущных забот в жизни: даже у самой благополучной сестры доходов хватало ему лишь на стол и кров. На школьные расходы и всё остальное Дэвид должен был *делать* деньги сам.

# ПЕРВЫЕ ШАГИ
## К ВХОЖДЕНИЮ В НОВЫЙ ОБРАЗ

Ион их делал: продавал в универмаге в рассрочку хрустальные сервизы; продавал льняные скатерти, стучась в каждую дверь околотка; летом — разносил в антрактах мороженое и соду в городской Опере, катал за чаевые тележку с клюшками в дорогом гольф-клубе; и даже... играл на собачьих бегах в чёрных пригородах Сент-Луиса.

Юный предприниматель выработал свою особую формулу ставок *на фаворита*. Часами играя по этой системе, на собачьих бегах можно было умереть со скуки, зато Дэвид никогда не возвращался домой без десятка, а то и двух десятков долларов. Эта склонность к осторожному, но хорошо рассчитанному риску сослужила ему впоследствии большую службу. Она научила его не пугаться временных проигрышей, но самое главное — не доверять случайному везению, не давать ему вскружить себе голову.

Неспроста первое, на что Дэвид решил потратить с таким трудом добытые им деньги, — это, ещё находясь в средней школе, купить себе деловой костюм-тройку в тонкую полоску. Такой стиль консервативного бизнесмена, столь же необычный для провинциального школьника, как и для нью-йоркского продюсера, он потом сохранит до конца жизни.

Ибо для Дэвида это было первым шагом к перевоплощению в новый, придуманный им для себя образ. Несмотря на отчаянные поиски заработка, учился он хорошо, успешно участвовал в школьных спектаклях. Однажды его даже избрали президентом класса. Как дурной сон, тут же были изгнаны им из памяти привычные облачения зеленщиков и владельцев бакалейных лавок — с их фартуками, белыми рубашками с короткими рукавами, с их бумажными пилотками на вспотевших лысинах и хлопушками в руках — отгонять от продуктов мух, сонных от летней жары.

Юный Дэвид твёрдо решил стать юристом и теперь должен был выглядеть так, словно он только что не спеша вышел из-за стола солидного офиса, хорошо проветриваемого мощными вентиляторами.

За сменой внешнего образа должен был неизбежно последовать и ещё целый ряд запланированных им шагов — эпизодов первого акта шоу его жизни. И название этому первому, очень важному для него акту он дал: «Бегство от прошлого».

Еврейскую его фамилию, вполне пригодную для Голливуда или Нью-Йорка, сент-луисский клерк ухитрился когда-то изуродовать так, что её нельзя было поставить даже на визитную карточку. Этот франкоязычный креол просто транслитерировал украинский акцент отца Дэвида, произносившего свою фамилию *Маргулыс* (с ударением на первом слоге), и вместо обычного Margulis записал в документах нечто невообразимое: *Margoulois*!

В школе ученики за это смеялись над Дэвидом, чёрный гардеробщик из Луизианы обращался к нему не иначе как «Мосье Марглуа́» — поэтому следующее, от чего он решил избавиться, — это от своей фамилии.

Но судьба распорядилась несколько иначе, и смену фамилии пришлось на какое-то время отложить.


# БРАК НА ПОЧВЕ ЛЮБВИ...
## К ТЕАТРУ!


На любительском спектакле в «Уай» (Ассоциации Еврейской Молодёжи) Дэвид познакомился с Леонор Бек. Долговязый неловкий юноша понравился единственной наследнице сент-луисских *старых денег* именно своей застенчивой робостью — Леонор не волновали ни происхождение его семьи, ни странная его фамилия.

Гораздо важнее для неё стал интерес Дэвида к театру: его игра в школьной постановке Клиффорда Одэтса «Проснись и пой» привлекла молодую девушку вспышками темперамента, неожиданно прорывавшимися на фоне обычной любительской скованности на сцене.

Сама Леонор была от театра без ума; сцена помогала ей побеждать собственную с детства мучившую её застенчивость, помогала выживать в компании своих спесивых богатых родственников. Увлечение Дэвидом, таким образом, явилось лишь продолжением, материализацией её многолетней страсти, чувством постоянным и естественным для неё, как сама жизнь.

Увы, именно любовь молодых людей к театру и явилась главным препятствием для развития их отношений. Родственники Леонор не желали и слышать о каком-то там Дэвиде Ма́ргулысе. Если будущий адвокат и мог надеяться в случае успешной карьеры когда-нибудь быть принятым в чопорную семью, его неуместный интерес к театру полностью исключал такую возможность.

В городе Сент-Луис, штат Миссури, рискованный и вульгарный шоу-бизнес всё ещё считался занятием, недостойным джентльмена, считался прямой угрозой солидному семейному состоянию.

Мать девушки, одинокая болезненная вдова, не пускала Дэвида даже на порог. Всю свою жизнь она посвятила благополучию дочери, и ей было ясно как день, что этот кавалер, выскочка из нищей семьи, просто охотится сейчас за богатой невестой. Прошло долгих десять лет, прежде чем после смерти матери Леонор смогла наконец на законных основаниях стать миссис Ма́ргулыс.

На скромной церемонии в реформистской синагоге присутствовала лишь её школьная подруга, да ещё сестра Дэвида с мужем, у которых он жил и столовался. К финалу бракосочетания подоспел, правда, ещё один родственник, торговец шляпами дядя Морис — страстный театрал, которому Дэвид был обязан своим ранним знакомством с Чеховым, Шоу и Ибсеном.

Родственники невесты появиться вообще отказались, ибо считали жениха аферистом и проходимцем, несмотря на его высокие баллы в дипломе Юридической школы и степень бакалавра права.

По городу ползли упорные слухи о женитьбе Дэвида по расчёту, но юная пара даже не затруднялась их опровергать. Обоим было ясно, что в провинциальном Сент-Луисе делать им больше нечего, и чем скорее они покинут родные места, тем лучше…

По расчёту или нет, но Дэвид взял на себя все юридические аспекты вступления жены в право наследования — и не так уж плохо справился с делом. После распродажи недвижимости и оплаты оставшихся после матери долгов Леонор получила в своё распоряжение ценные бумаги на сумму, скрупулёзно подсчитанную её супругом, в 116 319 долларов и 66 центов.

В 1937-м это было целое состояние: около миллиона девятисот сорока тысяч нынешних долларов!

# ВЫЧЕРКНУТЬ ПРОШЛОЕ ИЗ ПАМЯТИ

Вот теперь и настало время избавляться от прежней фамилии. Весной 1940 года в Нью-Йорке Дэвид Ма́ргулыс официально зарегистрировал своё новое имя: Дэвид *Меррик*. Выбор нового имени был сделан им годы назад: оно должно быть театральным, но не резать слух дешёвым благозвучием явно *сценического* псевдонима. Леонор одобрила выбор мужа. Имя Дэвид Меррик ассоциировалось у них с *Дэвид Гэррик*, именем классика английской сцены, директора знаменитого королевского театра «Друри Лэйн».

Переезжая в Нью-Йорк, Дэвид намеревался, подобно змее, сбросить с себя старую кожу, вылезти из неё, и высохшую оболочку провинциального студента Ма́ргулыса навсегда похоронить в прошлом, в Сент-Луисе.

И вот сегодня, после десяти лет жизни в Нью-Йорке, можно было считать, что это ему почти удалось.

Почти — оттого, что он по-прежнему был женат на женщине, его полюбившей и первой поверившей в него — сына нищих иммигрантов, и без колебаний взявшей его смешное имя Ма́ргулыс — с ударением на первом слоге.

Менее чем за десять лет Дэвид заработал на Бродвее твёрдый статус профессионала, завёл важные знакомства, в том числе с финансистами Максом Брауном (из фирмы *«Браун'с Ригли»*) и Байроном Голдманом (*«Голдман-Сакс»*), стал сопродюсером двух постановок на Бродвее. Одна из них оказалась успешной — достаточно, чтобы не только вернуть одолженные у Леонор деньги, но и заложить свой собственный фонд, необходимый для старта новых проектов.

Это далось не сразу и не легко, но даже в самые трудные минуты Леонор не сомневалась, что мужа её ожидает большой успех. Она считала, что упоминания в прессе о его голодном, *давидкопперфилдовском* детстве теперь лишь выгодно подчеркнут контраст между его тяжёлым прошлым и блестящим будущим.

К сожалению, это было совсем не тем, к чему стремился Дэвид Меррик. Он хотел полностью вычеркнуть прошлое из памяти — своей и окружающих; хотел заставить саму судьбу забыть о его происхождении; хотел выстроить себе биографию абсолютно новую с самого начала, с момента рождения и до сегодняшнего дня.

Прошлое мешало ему, тянуло назад на дно, как камень на шее; и таким камнем, справедливо или нет, он считал свою нынешнюю семейную жизнь. Леонор была не просто другом, она была участником и свидетелем его самых первых, ещё неуверенных шагов наверх. И пока она находилась рядом, главная цель его жизни — создание мифа, ослепительной бродвейской легенды под названием «Меррик Неуязвимый и Непобедимый» — представлялось ему недостижимым.

# БЕСЦЕННАЯ НАХОДКА
## В НОЧНОМ КИНО

**...Д**эвид поймал себя на том, что уже минут пять стоит на углу 95-й и Бродвея и изучает афишу маленького местного кинотеатра. Мысли его были далеко, но что-то заставило остановить взгляд на расписании сеансов. Ах, да! Это были необычные часы начала и окончания показа фильмов. Ничего подобного он раньше не видел. Там было всего два сеанса: дневной начинался в десять утра и шёл целый день, вечерний же заканчивался глубокой ночью, в два тридцать. Кинотеатр показывал французскую довоенную кинотрилогию общей длиной в шесть с половиной часов! И это в один сеанс, всё вместе за доллар двадцать пять! Так давно уже не делался бизнес, даже в опере.

Чушь, подумал Дэвид и направился к кассе. Но ошибки не было: зрителю предлагали подряд три длиннющих фильма, да ещё, вопреки всем правилам проката, названных лишь по именам их главных героев. Просто «Мариус», «Фанни», «Сезар». Смешно! Ни в Америке, ни в Канаде такое было бы немыслимо. Даже романтическая «Роз-Мари» потребовала когда-то диких расходов на рекламу, чтобы только пробудить интерес публики к имени героини, вполне при том опереточному.

Кинотеатр «Талия», однако, специализировался именно на таких необычных европейских фильмах, а соображения прибыли были для его владельцев явно на втором месте. Рекламу там не показывали вообще! Дэвид обычно бывал равнодушен к такого рода зрелищам: помимо прочего, они отнимали массу времени, а он проводил теперь долгие часы в офисе за чтением пьес, в поисках материала для своей первой серьёзной работы на Бродвее. Искал — и не находил…

В иных обстоятельствах ему, разумеется, и в голову не пришло бы пойти в кино, но сейчас он взглянул на часы: было восемь двадцать с чем-то, вот-вот начнётся основная программа. Он и так уже провёл больше часа, бесцельно шатаясь по Верхнему Манхэттену; здорово не хотелось идти домой, а здесь уж раньше полтретьего утра точно не кончится этот непрерывный сеанс…

Дэвид разыскал уличный телефон, позвонил домой сказать Леонор, чтоб не ждала его к ужину, потом купил билет и стаканчик вредного для его желудка пломбира — и побрёл, минуя крошечное фойе, в полупустой зал…


В начале четвёртого утра он вышел из кинотеатра совершенно иным человеком.

Недовольные ночной прохладой, лениво расходились остальные зрители ночного сеанса — в основном это были одинокие пьяницы или бездомные бродяги. Им было выгодней выспаться в мягком кресле, заплатив доллар двадцать пять за кино и пакетик жареной кукурузы, нежели тратить полтора доллара за пропитанную вонью дезинфекции ночлежку.

Меррик в своём неизменном формальном костюме резко выделялся среди этой группы серых от бессонницы полуночников. Его было сейчас не узнать. Движения стали резкими и решительными. Быстрым *манхэттенским* шагом он пошёл по Бродвею вниз — по направлению к дому, не останавливаясь, на ходу раздавая мелочь ночным попрошайкам *«на чашку кофе, сэр»*.

Только прошагав кварталов пятнадцать, он сообразил наконец, что до дома можно добраться и на такси, но, забравшись в машину, неожиданно переменил адрес и попросил *кэбби* остановиться у своей конторы на 44-й улице. Он прошёл мимо сонного швейцара, отворил дверь своего офиса, включил свет и сам уселся за телетайп. Ему нужен был только код страны, так как адрес был коротким и необычным: «Марсель Паньоль — лично, Французская Академия, Париж, Франция». Потом вдруг — остановился и резко выключил гудящий аппарат. Слишком много посторонних глаз смогут прочесть открытый телекс, подумал он. Дэвид снова поймал такси и поехал уже прямо домой. Леонор была нужна сейчас более, чем когда-либо. Он был уверен, что нашёл наконец-то, что так долго искал!

# ЭТОТ ЧЁРТОВ ДЯДЯ МОРИС

Очевидно, стоит подробнее пояснить, почему, при всей своей феноменальной энергии, честолюбии и способностях, успех так медленно и трудно давался Меррику. Дело в том, что он, любивший считать себя натурой цельной, без колебаний чётко определяющей свои устремления, на самом деле втайне страдал от серьёзного внутреннего разлада. Не зря же один из наиболее проницательных его авторов когда-то прозвал Дэвида мышью, лишь притворяющейся крысой.

Он жил в Нью-Йорке вот уже десять лет; прошло три года с тех пор, как покинул он офис Германа Шумлина, своего первого босса и наставника. Но сегодня, как и десять лет назад, Дэвид вовсе не был уверен, что встрече с ним будет рад Орсон Уэллс, этот любимчик критиков, избалованный славой мальчишка. Да, за спиной Дэвида был успешный спектакль, выдержавший двести восемнадцать представлений, но это была всего лишь комедия положений, светский импорт из Лондона; милый публике, но несколько старомодный юмор. Убежать от нужды — да, это

Меррику удалось. Но вот *куда бежать* с этим успехом, на что его употребить, оставалось пока не совсем ясным.

Не ясным — потому что при всей своей страстной любви к деньгам и желании покорить толпу он не мог избавиться, сбросить с себя, забыть то, что в беседе с коллегами, за неимением лучшего слова, он называл «*класс*».

Нет-нет, он всё делал правильно. Он ни секунды не считал себя иммигрантом. Он сменил фамилию и стиль жизни, не употреблял принятые на Бродвее еврейские жаргонные словечки; он старался не встречаться с друзьями юности, демонстративно открещивался от своего нищего прошлого.

И всё же...

Этот чёртов дядя Морис с его бруклинским акцентом, бедняк, торговавший шляпами, чтобы оплачивать любительские постановки классиков, не давал Меррику покоя. Дэвид знал, что никто на Бродвее не начинал карьеру с Ибсена, что, ставя классику, люди обычно теряют деньги, вместо того чтобы их *делать*, — и всё же...

И всё же он никак не мог совладать с собой, со своей натурой: в потаённых уголках души он оставался одним из тех еврейских мальчиков, которых острый глаз Чехова заметил ещё в «Ионыче». Тех самых, что в русской глубинке, сгорбившись над книгами в пустующих земских библиотеках, дни напролёт портили своё зрение и здоровье, мыслями улетая в заоблачный мир классики, столь далёкий от них — мир высоких чувств и страстей, мир Софокла, Шекспира, Толстого, Расина, Шиллера, Гёте...

Весь прошедший год Дэвид день и ночь охотился за материалом для своего первого мюзикла, и не раз уже ему и не два попадались испытанные временем либретто (или, как называли их на Бродвее, *книги*); от них пахло — его не обманывало чутьё! — успехом у публики, длинными очередями за билетами и неплохими деньгами. Но когда он воображал эти бывшие в употреблении сюжеты идущими на сцене, ему... ну не хотелось ему подобным путём зарабатывать себе славу. Да, да! Ему не в радость стали бы и деньги! Просто долларами было не окупить все адские усилия и бесконечные унижения на пути к сцене. Ему, как ни странно, требовалось — и он продолжал поиски — начать с чего-нибудь получше, повыше «классом».

Эх, чёрт бы подрал этого дядю Мориса, бедняка, заразившего его настоящим театром! Лучше б уж Дэвиду вообще было не знать ни Мольера, ни Чехова, ни Ибсена!

# СЧЁТ ИДЁТ НА МИНУТЫ

...Придя домой, он прежде всего заказал срочный международный разговор. Было без четверти шесть утра, в Париже уже почти полдень. Ему нужно было непременно узнать частный адрес Паньоля, автора трёх пьес, которые он теперь никому ни за что не уступит. Прежде всего попробовать через обычное адресное бюро Парижа. Там не говорят по-английски, но ничего, надо попытаться...

Пока ждал связи, Дэвид разбудил Леонор. Та, хоть и спросонок, но поняла своего мужа с полуслова. Да-да! — был её ответ, разумеется, она согласна! Она весьма заинтересована вложить *первые*, самые рискованные деньги в новый мюзикл. Да, она вполне отдаёт себе отчёт, что на сей раз это очень серьёзная сумма. Но не за этим разве они и ехали в Нью-Йорк?

Зазвонил телефон. Первая удача. Оператор понимает английский и соединяет его с секретариатом *Académie Française*; там ему должны помочь связаться с любым из членов Академии. Выясняется, что Марсель Паньоль живёт не в Париже и вообще не во Франции. Его место жительства — княжество Монако, Монте-Карло. Там другие законы, и номер телефона без его разрешения получить нельзя, только почтовый адрес.

Прямо на месте Дэвид Меррик набрасывает черновик письма. Предложение о покупке прав на мюзикл по трилогии Марселя Паньоля, по всем его трём пьесам. Утром двуязычная канадская секретарша отправляет в Монте-Карло письмо, отпечатанное на дорогой бумаге под грифом «Лично в руки — конфиденциально» с построчным переводом на французский.

После этого в ожидании ответа отсчёт пошёл на минуты.

Потом на часы.

Потом на дни и недели. Потом прошли два месяца непрерывных телеграмм, телексов и телефонных звонков на все мыслимые адреса и коды. На третий месяц глухого молчания Меррик прямо из дома отправляется в аэропорт Ла Гуардиа, захватив с собой из багажа только паспорт и бювар с подготовленным на двух языках предложением: передача прав на театральную постановку с *открытой* суммой гонорара.

Через пятнадцать часов он утром без предупреждения звонит в дверь дома Паньоля в Монте-Карло. Неожиданно ему отворяет сам владелец — и прямо с порога Меррик, как есть, с дороги, в своей помятой, но наглухо застёгнутой тройке, начинает свой *«питч»*, страстное изложение причины визита. Слегка опешивший Паньоль сперва принимает американца в тёмном формальном костюме не то за погребального директора, не то за карточного шулера и думает, что ему предлагают услуги похоронного бюро или билеты в новое казино. Не проходит, однако, и двух минут, как подкупленный нагловатым, но искренним энтузиазмом Дэвида Паньоль приглашает его пройти в дом.

Двадцать минут спустя, в принципе согласившись на условиях, они ударяют по рукам — и сделка завершена.

Счёт теперь идёт действительно на минуты. Соглашение надо юридически оформить, прежде чем о нём пронюхают конкуренты и попытаются перебежать дорогу, предложить автору условия получше. Всю дорогу домой Меррик записывает в своём жёлтом блокноте пункт за пунктом детали будущего контракта. Слава Богу, ему не требуется адвокат.

# АКАДЕМИК ФРАНЦИИ ПРОТИВ МАСТЕРА БРОДВЕЯ
## ЗНАКОМСТВО АВТОРА С ПОСТАНОВЩИКОМ

Членов Академии официально называют во Франции *Бессмертными*. На всю страну их (живых) может быть только сорок человек, не больше. Избранный в возрасте 42 лет, Марсель Паньоль стал самым молодым академиком и первым *бессмертным* деятелем кино. Картина по его пьесе «Мариус» была первым звуковым французским кинофильмом, хотя поставлена была и не им, а знаменитым англичанином Александром Корда (в прошлом, как и Меррик, нищим эмигрантом — венгерским евреем, бежавшим от большевиков).

Хотя в свои сорок пять маститый Паньоль всё ещё считался молодым автором, Меррик отдавал себе отчёт, что имеет дело не с каким-то новичком, мечтающим об успехе в Нью-Йорке. Прежде чем были подписаны окончательные варианты всех бумаг, Дэвиду пришлось ещё дважды слетать в Монте-Карло, а потом ещё и объехать пол-Франции, покупая долю на права у многочисленных незаконных детей Паньоля. Только для приобретения полной лицензии на мюзикл ему пришлось проделать в поездках более двух с половиной тысяч миль...

Ещё прежде своего юридического вступления в права Меррик заказал гигантский подстрочный перевод всех трёх киносценариев; для бродвейской их адаптации он нанял пару способных начинающих драматургов; те предложили перенести действие в Бостон. Терпению Дэвида подходил предел; веря в очевидный успех по меньшей мере литературного материала, он лишь поторапливал подающих надежды авторов. Но тут ему пришлось, что называется, *проглотить пулю* и расплатиться за нетерпение. Инсценировка явно не получилась, материал сопротивлялся американизации. Меррик полностью оплатил работу юных талантов и молча убрал всё написанное ими в архив. До финальной версии либретто ему предстояло ждать ещё долгих два года.

На третью встречу с французским академиком Меррику удалось привезти с собой и будущего постановщика спектакля Джошуа Логана. Сам Логан, правда, предпочитал слову *будущий* менее обязывающее *предполагаемый*, но Дэвиду было уже не до нюансов: он чувствовал, что ковать железо пора прямо сейчас, не оглядываясь и не жалея ни сил, ни времени, ни средств. Было жизненно важно, чтобы увлечённый материалом режиссёр Логан и его автор Паньоль понравились друг другу и нашли общий язык. И они нашли его с помощью Меррика, его умения *продавать идеи*, но главное — из-за его искренней влюблённости в образы, созданные академиком-французом.

Образы и характеры эти резко отличались от привычных зрителю персонажей бродвейских музыкальных спектаклей.

Прежде всего — героиня. Царившие на музыкальной сцене Бродвея пятидесятых американские инженю: бойкие, загорелые, грубовато кокетливые, но при этом ханжески целомудренные никакого отношения не имели ни к реальности, ни, тем более, к *Фанни*, юной матери незаконного ребёнка, выросшей в старом, провонявшем рыбой и колониальными пряностями порту Марселя, главного города весёлого солнечного Прованса.

Даже если перенести действие вместо описанного Паньолем Марселя не в чопорный Бостон, а, скажем, в дельту Миссисипи, в Новый Орлеан, Фанни всё равно гляделась бы там посторонней, чужой. А может, это и к лучшему? — думал Меррик. Ему и самому приелись банальные характеры стерильных блондинок из маленьких городков, под видом гимнасток-*маджореток* без труда проходившие сквозь рогатки свирепой театральной цензуры, несмотря на их вызывающе короткие юбки и обтягивающие свитеры.

Вероятно, здесь нам стоит на минуту задержаться и выслушать хотя бы короткий пересказ завязки шестичасовой трилогии Паньоля.

# ФАБУЛА И ТЕМА
## С ЧЕГО НАЧИНАЕТСЯ ЗРЕЛИЩЕ

Дочь торговки устрицами Фанни с детства влюблена в Мариуса, сына владельца портового кабачка. Мариус любит Фанни, но больше всего он мечтает стать матросом и увидеть мир, уплыть подальше от надоевших ему доков Марселя.

Оставив Фанни, Мариус надолго уходит в море. Фанни ожидает ребёнка. Малышу будет нужно имя, ему понадобится отец, а писем от Мариуса всё нет. Мать находит для Фанни подходящего мужа, пожилого бездетного вдовца.

Весельчак Панисс, преуспевающий парусный мастер, рад возможности одним махом стать и мужем молодой женщины, и отцом наследника. Не дождавшись вестей от Мариуса, Фанни решается выйти замуж...

Когда малышу исполняется год, Мариус неожиданно объявляется в Марселе. Он настаивает на раскрытии тайны рождения ребёнка и хочет забрать его, а возможно, и Фанни с собой в море.

Однако отец Мариуса и старый друг Панисса, известный в порту своей мудростью Сезар, решительно пресекает его планы. В незамысловатых морских выражениях он даёт сыну понять, что родители — это те, кто берут на себя ответственность растить детей, а не просто их зачинают, и что такие родительские права он заставит своего сына уважать...

Проблемы отцовства, этот извечный человеческий конфликт между биологией и душой, проходили и далее сквозным действием по всей трилогии до самого финала. Они были главной темой этой народной комедии, плотно населённой уличными философами и уличными девицами, навсегда сошедшими на берег морскими волками, танцовщицами живота, пьянчугами — чудаками и мудрецами старого портового города.

Эта главная тема и была, наверное, причиной того, что никогда не знавший отеческой заботы Меррик время от времени шумно сморкался и вздыхал, шагая под утро к себе домой по опустевшему Бродвею.

И она была причиной решения Джошуа Логана, признанного аристократа американского театра, пойти, вопреки всем советам и прогнозам, на партнёрство с Дэвидом Мерриком. Логана покорил драматический конфликт, от которого старалась держаться подальше ханжеская бродвейская сцена пятидесятых годов. Бездетный, он сам стал отцом двух приёмных детей. Его биологический отец покончил с собой, когда Джошуа было всего три года. Своему отчиму, скромному преподавателю военной школы, он обязан был всем: и положением в обществе, и успешной профессией, и даже своей стипендией для поездки в Москву, на репетиции к великому Станиславскому. И Логан этого никогда не забыл.

Холодный, тщеславный Нью-Йорк — не послевоенная Франция; добираться до Логана Меррику было бы намного труднее, чем до Марселя Паньоля, но права на постановку открывали ему множество дверей — настолько трилогия была хороша. А владевший французским Логан к тому же мог и на все сто процентов оценить её пенящийся жизнелюбием и уличной мудростью прованский юмор.

Так или иначе, но Джошуа Логан, коронованный критикой как надежда американского театра, условно согласился на режиссуру и партнёрство с начинающим импресарио Мерриком. Главным его условием, однако, было участие в постановке Роджерса и Хаммерстайна Второго в качестве композитора и автора текстов песен.

Закружилась ли в этот момент у Дэвида голова?

Ничуть.

# ШТУРМ НЕПРИСТУПНЫХ КЛАССИКОВ
## МУЗЫКАЛЬНОЙ КОМЕДИИ

Да, речь шла о гигантах музыкального театра. Да, этой паре судьбой было начертано подарить публике такие шедевры, как *«Оклахома!»*, *«Карусель»*, *«Южный Тихий»*, *«Король и Я»*, *«Золушка»* и, разумеется, *«Звуки Музыки»*. Да, их арии распевали повсюду, мальчишки насвистывали их мелодии, не зная ни авторов, ни названий; их музыку играли на улицах, во дворцах, в ночных клубах, на свадьбах, на стадионах — во всех уголках земного шара, на всех существующих на земле инструментах! Можно было сбиться со счёта, перечисляя их награды: все «Оскары», «Тони» и «Эмми». За один вечер их премьеры делали суперзвёздами актёров, о которых до того никто не слыхал: Юла Бриннера, Джули Эндрюс, Теодора Бикеля…

Но Леонор была убеждена, что ничего менее масштабного её Дэвид и не заслуживает, а поэтому он не должен разменивать себя на более скромные и доступные творческие контакты. «Большинство людей и так-то хочет для себя лишь немногого, — напоминала она мужу, — а по закону Фортуны, непременно получает и того меньше!»

За обоих классиков переговоры обычно вёл Ричард Роджерс, и личного свидания с ним Меррик добивался из последних сил. Он верил в свой дар убеждения, а его вера в материал обещала успех такой встречи. Но время шло, внятного ответа из офиса Роджерса не поступало, и к композитору отправился сам Логан с подстрочником пьесы и предложением совместной работы. В конце концов это в его, Логана, постановке собирал сейчас толпы зрителей их мюзикл *Южный Тихий*. И это он, Джошуа Логан, лично переписал заново для них страниц пятьдесят, если не больше, старого либретто, репетируя этот спектакль!

Логан вернулся со встречи вне себя от негодования. В офисе Роджерса его предложение не только встретили решительным отказом, но намекнули, что даже и за прошлое авторство переделанных сцен Логану придётся ещё побороться в суде. Успех «Южного Тихого» был уже настолько велик, что речь зашла о тяжбе за несколько миллионов авторских, от которых главные творцы были просто не в силах отказаться.

Что касается условий участия Меррика, довольно скромных, надо сказать (на афише под названием шоу — титр мелкими буквами: *При участии Дэвида Меррика*), — они вызвали не только гнев, но и насмешки Роджерса. *Участие?!* Да для любого новичка участие в работе Роджерса и Хаммерстайна означало новую творческую жизнь, новые горизонты, — но что могло дать взамен великой паре *участие* в их проекте какого-то там Меррика?

Отказ! Но Роджерс ещё и злобно прибавил вслед: «И вообще, скажи, чтобы этот *шмок* держался от нас подальше и оставил, наконец, нас в покое».

Вот этого, по слухам, Меррик никогда Роджерсу не забыл.

Как ни странно, инцидент сыграл решающую роль в дальнейшем сотрудничестве Меррика и Логана. Не на шутку разозлённый грубым высокомерием композитора, режиссёр отбросил, наконец, условие участия в своей постановке великой пары и согласился на равное партнёрство с Мерриком.

С начала работы над проектом «Фанни» прошло, между тем, уже почти три года.

12 сентября 1953 года, в который уж раз *проглотив пулю* (то есть запрятав самолюбие поглубже в карман), Меррик предпринял последнюю попытку заполучить Роджерса и Хаммерстайна и написал им из Парижа письмо. В нём он извещал, что Паньоль продлевает ему действие контракта ещё на несколько лет, «...и было бы чудесно, если бы вы и м-р Хаммерстайн стали соавторами этого шоу. Как жаль, что переговоры так быстро прекратились!..» И далее, прибавлял Меррик самым скромным и любезным тоном, на какой только был способен: «Я знаю, что совершил ошибку, допустив третье лицо обсуждать наши деловые предложения с творческими людьми. Тесное сотрудничество, к которому я стремлюсь, является настолько личным, что, помимо принципиальных сторон, любой посредник может лишь помешать успешному соглашению».

Ответа Меррик не дождался и в этот раз, и тогда, окончательно поставив крест на великой паре, он вплотную занялся поисками нового композитора. Но зато теперь у него был Логан!

Тот, однако, должен был закончить работу ещё над тремя постановками — таково было ещё одно его условие. Время не стояло на месте, но сейчас уже и сам Логан трудился день и ночь, чтобы поскорее покончить с прошлыми обязательствами и приступить к «Фанни».

# НЕПОМЕРНАЯ ЦЕНА
## ПОПЫТКИ ОБОГНАТЬ ВРЕМЯ

Для пробных «прогонов на публике» своего нового шоу Логан выбрал необычный город — Нью-Орлеан. Большинство продюсеров эту стадию работы предпочитало проводить поближе к дому, в Бостоне, например, в Нью-Хэйвене или в Филадельфии. Там и климат полегче, и публика более привычная к новым премьерам, но Логану было важно вернуться в город, где он рос, сейчас, на вершине мировой славы и с пьесой, обещавшей в скором будущем шумный успех на Бродвее.

В этот портовый город он пригласил на местную премьеру и Меррика. В своём плотном шерстяном костюме и мягкой шляпе Дэвид выглядел почти комично среди легко одетой публики, привыкшей к влажной жаре Миссиссипи. Однако, как и всегда, он создавал впечатление, что ни жара, ни дождь не властны над складками его брюк и безукоризненно туго накрахмаленной манишкой. Дэвид *Непробиваемый*...

Подчёркнуто не заметив ироничных взглядов, которыми обменялся Логан со своей женой, Меррик, войдя в театральное фойе, прежде всего кивнул своему шофёру, и тот распаковал коробку с подарком Логану от нового партнёра. Это была механическая кукла-автомат начала девятнадцатого века. Она изображала весёлого мавра в феске, курившего кальян, выпуская настоящий дым! Логаны коллекционировали старинные французские автоматоны, и эта игрушка точно подошла в пару к механическому мавру-шахматисту, подаренному когда-то самой Коко Шанель. Партнёрство начиналось на доброй ноте.

Местная критика отнеслась благосклонно к новой премьере Логана *Любезный Сэр*, комедии характеров о романтической связи театральной актрисы и холостякабанкира. Актёрское исполнение было признано безупречным, однако рецензенты отмечали ряд натянутых поворотов сюжета. Режиссёр отнёсся к этому легко. Для профессионала его уровня это было не более, чем для хорошего портного — отделка уже почти готового, хорошо получающегося костюма: стоит только убрать нитки здесь, загладить шов там, срезать излишки материала... То, на что рядовому автору потребовался бы ещё с десяток репетиций, Логан планировал завершить *по ходу* за одну неделю, не прекращая показы.

Уже наутро после премьеры, однако, появились первые признаки, что он несколько переоценил свои силы. Проработав всю ночь над новым текстом, режиссёр наутро не смог появиться на дневном представлении, был не в состоянии даже просто отвечать на телефонные звонки. Через два дня, отослав актёрам ещё ряд дополнений и поправок, Логан приехал, наконец, на вечерний спектакль проверить в зале, как их принимает публика. Его было не узнать, он был подавлен, мрачен, с трудом реагировал на вопросы окружающих. Едва дождавшись конца представления, Логан, не сказав никому ни слова, исчез.

С помощью Меррика его обнаружили через три четверти часа запершимся в ванной комнате своего гостиничного номера. Перепуганному портье, полицейскому и вызванным им санитарам скорой помощи пришлось взламывать дверь. Полностью одетый, в лакированных туфлях, даже не ослабив галстук, режиссёр стоял под холодными струями душа и кричал, чтобы к нему не приближались, чтобы его оставили в покое, так как он умирает от жары и духоты.

Когда Логана пришлось затянуть в смирительную рубаху, чтобы увезти в госпиталь, у Меррика, по словам свидетелей, подкосились ноги, и он потребовал, чтоб ему помогли сесть и принесли воды. Выглядел он немногим лучше, чем сам Логан. Казалось, самую жизнь уводили от него, заключённую в железные объятия санитаров, вспоминал он впоследствии. Ровно тридцать пять лет назад точно так же забирали из дома его мать — и он помнил, как она кричала, что задыхается в смирительной рубашке.

# ВЕЗУЧИЙ СУКИН СЫН
## НАЧИНАЕТ ВСЁ С НУЛЯ

Дэвид ещё долго сидел на стуле один в пустом номере после того, как все разошлись. Полиция уже собрала подписи всех свидетелей происшествия, и гостиничная обслуга, отправив на хранение личные вещи Логана, занялась уборкой комнат. Чтобы не мешать, Дэвид перешёл на балкон и уселся на балюстраде, не в силах двигаться дальше.

К нему уже дважды подходили горничные, напоминая, что пора опечатывать номер. Наконец появился хамоватый молодой человек, очевидно их бригадир, и попросил освободить помещение. Номер был оплачен до конца недели, но у Меррика не было желания вступать в спор. Он просто вытащил двадцатидолларовый билет и попытался объяснить, что устал и снимает этот номер до утра, а сейчас хотел бы, чтоб его оставили в покое.

Не тут-то было!

Неизвестно с чего, служащему попала вожжа под хвост, и он начал читать Меррику лекцию о правилах отеля, единых для всех постояльцев. Дэвид огрызнулся довольно мирно и прибавил ещё десятку — самолюбивому парню на чай, но этот его невинный жест вдруг вызвал настоящую истерику. Служащий вызвал охрану отеля и стал кричать, что не позволит любому *везучему сукиному сыну* плевать на тяжёлый труд простых людей. «Ещё один пациент», — подумал Дэвид и, когда охранники с извинениями удалились вместе с бунтарём-бригадиром уборщиц, он неожиданно для себя рассмеялся.

«Удачливый сукин сын» — так уже когда-то называли его в детстве, на собачьих бегах, друзья, которые в момент спускали все свои гроши, делая наугад *вслепую* глупые ставки.

Везучий сукин сын Меррик... вот уж действительно редкое везение, дальше некуда! После трёх лет тяжкой работы и сотен тысяч, затраченных на покупку прав, он остался ни с чем, вернулся туда, откуда начал: ни пьесы в руках, ни режиссёра, ни хореографа, ни партнёра... Пара могущественных врагов — единственное, что приобрёл он за это время: Роджерс и Хаммерстайн уже отчаянно сожалели об упущенной возможности стать соавторами и теперь изо всех сил пытались ставить ему палки в колёса.

Так Дэвид и просидел до самого утра в номере, не задумываясь ни о будущем, ни о прошлом. *Ступор* обычно помогал ему, непьющему, приходить в себя после очередного *нокдауна* судьбы.

Впрочем, в таком ступоре он пробыл недолго и уже на вторые сутки горячо, брызжа слюной в телефонную трубку, объяснял найденному им новому композитору Бэртону Лэйну, что тому выпала редкостная удача — войти в историю в качестве автора музыки бессмертного произведения, стать при жизни столпом музыкального театра. Как и обычно, на согласие Лэйна ему потребовалось лишь двадцать минут междугороднего разговора по телефону. Имя Логана заставляло сразу отвечать на телефонные звонки, а Меррик-продавец был не менее талантлив, чем Меррик-шоумен. Продавец идей. *Сэйлсмен.* Продавец воздушных замков...

Меррик-мечтатель, тем не менее, поставил Лэйну стальные условия: он дал ему ровно месяц, чтобы освободиться от всех своих прошлых обязательств. Получится — и тогда тот «*в доле*», если же нет — увы...

# СЛЕДУЯ СОВЕТАМ ЖЕНЫ
## ВЕЛИКОДУШИЕ ОКУПАЕТСЯ

Что касается Логана, врачи пока что даже не решались отправить его домой в Нью-Йорк, и Меррик, специально оставшись для этого в Нью-Орлеане, каждый день аккуратно навещал его в госпитале. Дэвид уверял, что у него вполне хватит и финансов, и сил, и желания дождаться выздоровления режиссёра и начала совместной работы над спектаклем. Когда жена Логана рассказала об этом репортёрам — зная Меррика, те не поверили ни единому её слову. Все были убеждены, что мадам Логан просто сочиняет, пытаясь преуменьшить тяжесть заболевания мужа...

Трогательное внимание и великодушие, поражавшее хорошо знавших Дэвида коллег, было в немалой степени обязано влиянию Леонор. Это она убеждала мужа, невзирая ни на какие расходы, сохранять и продлевать деловые отношения с Логаном, надеяться на улучшение его состояния — и она ни разу не вспомнила о всё растущем риске её собственных капиталовложений.

Пораскинув мозгами, Дэвид, впрочем, и сам сообразил, что Логан, даже и в нерабочем состоянии, одним своим именем открывал ему столько возможностей, сколько ни один самый шумный успех на Бродвее не смог бы.

Как когда-то в нищей юности, Дэвид упрямо ставил *на фаворита*, на Логана — и на меньшее он идти не желал.

И, как и в далёком прошлом, его умение терпеть на сей раз полностью окупилось: не прошло и пяти месяцев, как Логан смог снова занять своё режиссёрское кресло.

К этому времени с начала работы над «Фанни» прошло, правда, уже с лишком четыре года, а Дэвид всё ещё числился в *подающих надежды*.

Пока что единственным везением этого *сукиного сына Меррика* оказался его кошачий дар приземляться на все четыре лапы, падая с любой высоты...

# ПРОБЛЕМЫ РЕШАЮТСЯ
## ИМПРОВИЗАЦИЕЙ НА ХОДУ

События с этого момента понеслись с нарастающей скоростью — и счёт времени наконец-то стал действительно измеряться часами.

И каждый час приносил новые проблемы. Но теперь они решались на ходу, даже самые сложные — без остановки работы, чистой импровизацией! Напрочь лишённый авторского самолюбия Логан пригласил в помощь С.Н. (Сэмюэля) Бермана, самого европейского из американских драматургов. За несколько минут ими было решено, вопреки всем советам, оставить действие в Марселе.

Узнав об этом, суперзвезда Мэри Мартин отказалась от главной роли и вернула контракт, считая, что она не подходит для роли по характеру. Логан, не моргнув, тут же позвал на роль её всегдашнюю дублёршу Флоранс Хендерсон, заметив: «Мэри права, уж больно она... американиста. А эта будет меньше капризничать и комплексовать, а стараться — больше».

В неслыханно короткий срок авторам удалось многословную трилогию превратить в энергичное компактное музыкальное представление в двух актах — и Логан начал отбор остальных исполнителей. Как всегда, доделки и увязки режиссёр оставил на потом; нетерпеливо дёрнув плечом, он заметил, что нестыковками сюжета сможет позже заняться любой бродвейский *«доктор»*, а ему не до мелочей.

Мелочи?! Ничего подобного Меррик прежде и представить себе не мог! Он впервые столкнулся с необходимостью выстраивать спектакль практически с нуля и во многом сам пробирался наощупь. Лишь одно он твёрдо запомнил, благодаря прошлому опыту: талант, первоклассный талант *творцов* — это главное, во что стоит не жалея вкладывать средства, это единственное, что способно превратить любой провал в неслыханный успех. Меррик гордился тем, что внял совету Леонор: трижды, не давая воли своим страхам, жадности и сомнениям, продлевал он договор с Логаном — и дождался-таки выздоровления этого первоклассного мастера!

Счастливой находкой Дэвид считал и *отбитого* им у Голливуда композитора Бэртона Лэйна. Последнему был обещан щедрый аванс, и Дэвиду не терпелось познакомить Логана с обнаруженным им талантом. По настоянию Меррика, весь уикенд Лэйн провёл в междугородних звонках, пытаясь аннулировать свой прежний договор на три фильма со студией «Метро-Голдвин-Майер». Наконец это удалось, и в понедельник утром он, торжествуя, позвонил Меррику, чтобы сообщить радостную новость.

Ответом ему было глухое молчание.

— Эй, Дэвид, ты что, не понял? Всё, я свободен для нашей работы! — повторил Лэйн. Пауза продолжалась, а потом раздались короткие гудки: на другом конце провода явно повесили трубку.

Лишь через два часа композитору, только что успешно *отбившемуся* от четверти миллиона долларов голливудского контракта, принесли телеграмму, фальшиво датированную прошедшей субботой. В ней сообщалось, что в силу некоторых *(!)* обстоятельств продукция «Фанни» решила обратиться к услугам другого композитора, так что мистер Лэйн с этой минуты может считать себя свободным.

Меррик-мечтатель и открыватель талантов существовал в полной гармонии с Мерриком-мерзавцем и Мерриком-сукиным сыном, и никто не припомнит, чтобы в этом ему когда-либо помешал голос совести.

## ШКОЛА ОТБОРА ТАЛАНТОВ
### НЕВЕДОМАЯ ПРОДЮСЕРУ-НОВИЧКУ

Логан наотрез отказался даже знакомиться с композитором, прежде с ним не работавшим. И без того слишком много канонов предстояло нарушить авторам «Фанни», чтобы включить в рабочее уравнение ещё одно неизвестное. Режиссёр выбрал Харолда Роума, ставшего известным благодаря их совместной работе *«Жаль, что вас здесь нет»*: год назад две песни из этого низкобюджетного еврейского мюзикла стали *хитами* сезона. Роум, самоучка, писал и тексты песен, и музыку.

Дэвид не стал спорить. Что он мог предложить взамен таланта своему блестящему партнёру, какой опыт? Своё понимание юридических тонкостей бизнеса? Владение беззастенчивыми трюками рекламы, невероятное честолюбие, да ещё, пожалуй, некоторое знание техники сцены?.. Мало. Прежние работы не в счёт: Меррик пока что переносил на американскую сцену чужие, проверенные на публике зрелища; он всего лишь импортировал готовую продукцию на Бродвей прямиком с лондонского Вест-Энда.

Логан же, уверенный в себе мастер, не боялся открывать новые таланты, даже работать с полупрофессиональными *самородками* — на что выскочка Меррик с его комплексами неполноценности в жизни бы не пошёл. На роль кабатчика Сезара был подписан контракт с *Эзио Пинза*, баритональным басом, любимцем Артуро Тосканини. Когда выяснилось, что известный певец музыкально неграмотен, не может читать ноты и все свои девяносто пять партий в Метрополитен-опера выучил на слух... Меррик схватился за сердце — но Логан пришёл в восторг: действительно, к чему природному таланту формальное образование? Это означало, правда, что в последнюю минуту ни одной новой арии певцу уже будет не подсунуть, то есть зрелище придётся компоновать из имеющихся готовых эпизодов, не трогая вокальные партии. Блеск! Такого ещё не видывали на Бродвее — но чем труднее, тем интереснее Логану.

Эзио Пинза утверждён, и тут же возникает ещё одна проблема.

Впервые на бродвейских подмостках должны появиться две звезды равного калибра: роль пожилого мужа Фанни, Панисса, поручена баритону *Вальтеру Слезаку*, великолепному характерному актёру, известному своей ролью Якова в голливудской киноверсии «Ревизора».

Большинство бродвейских режиссёров как огня боится смертельных схваток соперничающих звёзд и строго соблюдает иерархию: на сцене должна быть лишь одна главная звезда — и все остальные. Но Логан умел укрощать актёрские самолюбия — не зря же провёл он два месяца в Москве на репетициях Станиславского. В МХТ на сцене работало сразу несколько равновеликих талантов в *ансамбле* — и это спектакль не разрушало, но только увеличивало его успех! Секрет был в чувстве такта режиссёра, или, как русские выражались, в его *«интеллигентности»*. На практике это означало тонны дипломатии, порой беззастенчивую лесть, а нередко — и лицемерное самоуничижение диктатора-режиссёра.

Склонный не к деликатности, а наоборот, к грубой прямоте, Меррик однажды не выдержал, подслушав особенно задушевный разговор Логана и обидчивого Слезака, который жаловался, что партнёр его часто *забивает* на сцене.

Вне себя от ярости Дэвид выскочил через боковой запасный выход в *аллею*, чёрную смрадную щель между зданиями, и немногочисленные свидетели слышали, как он орал оттуда на всю Сорок Пятую улицу: «Я плачу Логану заоблачный гонорар, чтобы он указывал актёрам, что делать на сцене, а не ползал перед ними на брюхе!!!» Обеспокоенные сторожа позвонили Дэвиду домой, но Леонор успокоила их, сказав, что приступ скоро пройдёт без следа.

Наутро, когда вежливый охранник спросил Меррика, чувствует ли он себя лучше после вчерашнего взрыва эмоций, Дэвид уверил его, что вовсе не было никакого взрыва: тому просто показалось…

# НЕДОСТАТОЧНО ХОРОШ
## ДЛЯ СВЕТСКИХ ПРИЁМОВ

Дом Логанов был известен на весь город своими вечеринками. Попасть на *суарэ* к ним в *River House,* на террасу, выходящую на Восточную реку, уже само по себе означало признание определённого статуса: снобливая публика кичилась друг перед другом такими приглашениями. Обычно равнодушный к светской жизни, Дэвид болезненно переживал, что после года знакомства Логаны ни разу не позвали его ни на один из своих блестящих приёмов. «Я подхожу ему для совместной работы, но, видите ли, недостаточно хорош, чтоб представить меня своим гостям, этим высокомерным принстонским бездельникам, — жаловался он жене.

Леонор как могла утешала его, уверяя, что большой успех уже близок и скоро отбою не будет у него от подобных приглашений. Она тактично умалчивала при этом, что сама уже несколько раз вежливо отказывалась от приглашений на чай — но без Меррика! — от жены Логана Недды.

# ОТНОШЕНИЕ К ДЕТЯМ — ПРОСТОЕ
## ПУСТЬ ИХ ЛЮБИТ ПУБЛИКА

И Леонор не ошиблась. Успех уже был на пути из Бостона в Нью-Йорк. Пробные показы в целом понравились тамошней публике: благодаря таланту Логана на сцене ожил Марсель, иная Франция, совершенно не знакомая зрителю, привыкшему к открыточной вульгаризации парижских оперетт.

Критика была смешанной: рецензенты не очень понимали, как воспринимать это необычное зрелище, но кого сейчас интересовали нью-орлеанские рецензенты! Логан жонглировал номерами с необыкновенной лёгкостью, не пугаясь возможных дыр в сюжете. Уже стало ясно, что, несмотря на название, главными персонажами должны быть два старика, а молодая пара — Фанни и Мариус — лишь поводом для их весёлых рассуждений и философствований. До того считалось железным правилом, что на сцене комические старики должны были появляться в репризе, не более чем на пять минут, ибо театральный зритель обычно с нетерпением ожидал сцен юной любви.

Но Логан никогда не боялся нарушать привычное.

Уже в Нью-Йорке авторы решили начать представление с *«Песни Осьминога»*, пьяного признания портового сумасшедшего в любви... к моллюску. Роум мастерски приправлял лирику иронией — его музыка и трогала, и смешила.

Как и режиссёр, бездетный композитор усыновил двух приёмышей, и тема была ему не менее близка, чем Логану.

Отношение же Меррика к детям было весьма простым: он их не желал, точка.

Он предпочитал, чтобы их любила и переживала за них публика в зрительном зале.

Леонор принимала это молча, как должное.

В последний момент перед нью-йоркскими прогонами устроил скандал исполнитель роли Мариуса *Вильям Табберт*, угрожая разрывом контракта. Актёры не любят появляться в начале действия и потом исчезать навсегда, а его роль сильно сократили! Логану сейчас было не до актёрских истерик, и он потребовал, чтобы Меррик вызвал «шоу-доктора» для мелких компромиссов и увязок сюжета.

Это оказалось самым счастливым решением: «доктором» оказался не кто иной, как Пол Осборн, будущий классик. Он в момент предложил заменить финал пьесы на более благополучный. Лишённый авторского самолюбия Логан тут же согласился; актёр был счастлив получить свой заключительный монолог: теперь он сам возвращал своего сына его умирающему приёмному отцу! Получив надёжную симметричную драматическую конструкцию, Логан дал волю своему воображению; к концу истории он ввёл в действие бродячий цирк: канатоходцев, клоунов, жонглёров и даже дрессированных морских львов. И всё зрелище засверкало теперь новым, горьким, но вселяющим надежду романтическим финалом!

## ОЧЕРЕДЬ МЕРРИКА ДЕЙСТВОВАТЬ
### И ОН ПРЕВОСХОДИТ САМОГО СЕБЯ

В продукционный офис начали звонить люди бизнеса, интересуясь, нельзя ли поучаствовать в финансировании если не самой постановки, то хотя бы её рекламы и продвижения на рынок. В который раз Меррик мысленно похвалил себя за то, что, преодолев жадность, полностью выложил алчному «доктору» заломленную им сумму.

Это был успех — и теперь Дэвид сам бросился продавать спектакль, используя весь свой арсенал рекламных ухищрений, или *гиммиков*, как называют их на своём жаргоне пресс-агенты.

Он превзошёл в этом самого себя. Ураганам в США принято давать названия в алфавитном порядке по мере их возникновения, начиная с очередной буквы. Меррик узнал о надвигавшемся урагане «*на ЭФ*» и подал прошение переименовать его с «Флора» на «Фанни». И когда в Службе Погоды ему отказали, но из вежливости предложили обратиться к ним через год, Дэвид опубликовал это предложение во всех вечерних газетах!

Реклама шоу размещалась не только в нью-йоркской прессе, но и в провинции, во всех туристических буклетах — где только возможно, но главное — в парижском издании «Хералд Трибьюн». Меррик вычислил, что по дороге домой туристы из Европы обычно задерживаются на день-другой в Нью-Йорке и смогут посмотреть мюзикл на Бродвее.

Перед премьерой на фронтоне театра «Маджестик» появилось четырёхметровое фото едва одетой танцовщицы живота. По ходу действия она появлялась в «Фанни» лишь в конце на полторы минуты — какая разница! Водители, проезжая по 44-й, вертели шеями и глазели не на дорогу, а только на живот девицы, да ещё на аршинные буквы названия «Фанни», и полицейские требовали убрать изображение, опасаясь за жизнь пешеходов.

В Центральном парке полиция со скандалом убрала обнажённую статую той же танцовщицы, которую ночью кто-то водрузил на пьедестал между памятниками Колумбу и Вальтеру Скотту! И все эти происшествия немедленно транслировались бульварной хроникой с непрерывным упоминанием самого главного: слова «Фанни»! «Фанни»!! «Фанни»!!!

В разговорном американском языке это слово означает также и *задницу*. А в британском английском — и того хуже: *«Вульгарное обозначение женских наружных половых органов»*, судя по Оксфорду. За день до премьеры во всех общественных уборных Нью-Йорка появились жёлтые наклейки с текстом: «Фанни ещё не видели? Бегом тогда на Вест 44-ю, в театр «Маджестик!»

В рекламе Меррик не брезговал ничем.

Премьера состоялась 4 ноября 1954 года, ровно через четыре года и девять месяцев после начала работы над проектом. Публика была в восторге, критика — одобрительная, хотя и с некоторой долей растерянности. Даже видавшие виды нью-йоркские рецензенты пока не готовы были судить о новом зрелище по его собственным законам, да ещё столь отличавшимся от общепринятых канонов Бродвея...

Но Дэвида интересовала не критика, а касса. В первую же неделю сборы перевалили за шестьдесят шесть тысяч (это около шестисот тысяч в сегодняшних долларах!).

Имена *Слезак* и *Пинза* не сходили с уст поклонников, толпа на тротуаре мешала актёрам после спектакля садиться в машины и уезжать домой. Кажется, никого особенно не волновала цена на билеты, беспрецедентно завышенная по тому времени: семь пятьдесят на самые дешёвые места (74 доллара сегодня).

Дэвид спешил вернуть вкладчикам их капитальные затраты, чтобы освободить средства для дальнейшего продвижения спектакля на мировой рынок. Шестидесяти трём спонсорам постановки она обошлась в триста тысяч — или два миллиона семьсот тысяч по нынешнему курсу, и они вернули свои инвестиции всего через семнадцать недель!

# ЗАПОЗДАЛОЕ ПРИГЛАШЕНИЕ К ЛОГАНАМ

**М**еррик, как правило, держался в стороне от обсуждений творческих сторон постановки, зная, что это приводит только к ненужным обидам и склокам. Однако в те считаные разы, когда сами авторы просили его высказать мнение об эффективности того или иного сюжетного поворота, музыки или хореографии, он всё чаще поражал их меткостью и практичностью своих замечаний. Пару раз, проверив действие его советов на публике, Логан стал воспринимать Меррика по-иному, гораздо серьёзнее... Впрочем, невзирая даже на успех совместной работы, на свои знаменитые вечера Логаны Мерриков упорно не приглашали.

Лишь через четыре месяца, когда выяснилось, что стараниями продюсера предварительные продажи билетов достигли 950 тысяч (8,8 миллионов долларов), и впервые за свою карьеру режиссёр стал мультимиллионером, Меррики получили, наконец, желанный квадратик веленевого картона с золотым обрезом: приглашение к Логанам на их торжественный ужин.

Но на этом ужине Меррик появился без Леонор. Вместо неё Дэвида сопровождала какая-то молоденькая застенчивая сопрано. Как и всякому мало-мальски успешному продюсеру, решил Меррик, ему *положено* было покровительствовать теперь юным дарованиям женского пола.

Прожив четырнадцать лет вместе — и это не считая девяти лет гражданского брака, Дэвид с женой расстались.

— Я была к этому готова, — просто сказала Леонор в ответ на выражения сочувствия многочисленных друзей и поклонников. — Я знала, что мы будем вместе, лишь пока его карьера не наберёт нужную скорость.

— Но ты же сама и помогала ему в этом. Зачем? — спросил драматург Берман, один из её ухажёров.

— Не так всё просто, — вздохнула она в ответ. — Прошлое давило на него и тянуло его назад, вниз, к неуспеху, к провалу. А я и сама не уверена, что захотела бы жить с Дэвидом-неудачником…

Именно тогда С. Н. Берман и вошёл в историю своей характеристикой Меррика: «Это мышь, — сказал он, — играющая роль крысы».

Слово *крыса* в американском английском имеет ещё одно важное значение: так обычно называют предателя — негодяя, двуличного мерзавца, Яго.

Берман явно недооценивал натуру Дэвида. Тот не просто играл в жизни роль крысы — нередко крыса-Меррик ею действительно был!

# ТРЕЗВОЕ ПОХМЕЛЬЕ

…Он вернулся из прошлого назад в свой «Илэйн'з». За окнами было ещё темно, но ресторан почти опустел — первые признаки наступающего дня. У него было странное ощущение конца, своего рода *пост-партум*, послеродовая депрессия — такое бывало с ним и раньше после успешных премьер, но сейчас это чувство было до боли острым. Начало карьеры напомнило ему, сколько жертв было безжалостно принесено и брошено им под ноги божеству Бродвею — ради создания мифа о самом себе, истории, подошедшей к своему *хэппи эндингу* здесь, сейчас, сию минуту.

По законам драматургии, обнаруженным ещё Аристотелем, ему лучше было бы скоропостижно скончаться теперь, на вершине успеха…

Как любой смертный, он не знал, сколько ещё лет отпущено ему в этом мире, но не сомневался, что пик уже пройден; отныне в его жизни всё будет лишь холоднее, труднее, печальнее — хуже…

Всю жизнь глядя только вперёд, он бежал, спасался от прошлого — и вот оно настигло его под утро здесь, за бутылкой минеральной воды в опустевшем ресторане «Илейн'з». Он понимал, что никогда уже не будет у него такого тонкого, порой неуверенного в себе, но безумно талантливого, влюблённого в театр партнёра, как Гауэр. Не будет больше триумфа, заслуженного и им самим: вознаграждения за свою дерзость, терпение, страсть...

Да-да, страсть! Он, как и Гауэр, любил своё дело, но главное — свою милую, кашляющую и сморкающуюся публику. Такую доверчивую, такую... о, такую готовую обожать и преклоняться перед своими идолами — за что? Лишь за те мгновения, когда человек вдруг обнаруживает, что он стал лучше, добрее, стал способен любить других, совершенно посторонних, выдуманных, незнакомых ему людей? Любить больше, чем самого себя, и понимать их, и жить их радостями, горестями и надеждами!

Он знал, что сколько бы связей ни ждало его впереди — ни домашнего очага, ни настоящей жены-друга, какой была Леонор, ему никогда не найти. У него не осталось и просто друзей — да, положа руку на сердце, и не было их, настоящих. Он давно решил пренебречь близкими, и всё сбылось по его желанию: его символом дома стал номер в гостинице, куда после спектакля можно пригласить какую-нибудь полную надежд хористку и заказать на двоих поздний ужин... И он получил всё это — но во имя чего? И что будет дальше? Никогда прежде не задумывался он о том, что будет, когда его личное шоу закончится, отзвучат последние хлопки и наступит время покинуть сцену — и начать, наконец, не играть, а жить.


Он сидел в тени, по щекам медленно ползли вниз огромные плебейские, непривычные ему слёзы, и он стеснялся их вытирать, надеясь, что в полумраке никто его не увидит. Неуязвимый, непробиваемый Меррик, безжалостный к себе и другим; Меррик, после каждого удара судьбы привыкший только сплёвывать выбитые зубы и утирать разбитый нос, думая про себя: ничего, злее буду! — вдруг сейчас, на вершине успеха, пожалел, что его никогда не любили *просто так*, за то что он есть — за то что он был тем, чем был и стал!

И как всегда с его везением, уже уползавшая домой *«на бровях»* сплетница Лиз успела-таки заметить его опухшее лицо.

— Эй, только глянь, ребята, что делается, — воскликнула она, — Меррик — рыдающий! Для финала этой мелодраме не хватает только одного: ещё пары таких же аллигаторов... проливающих свои крокодиловы слёзы.

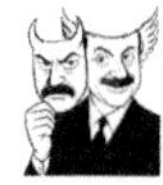

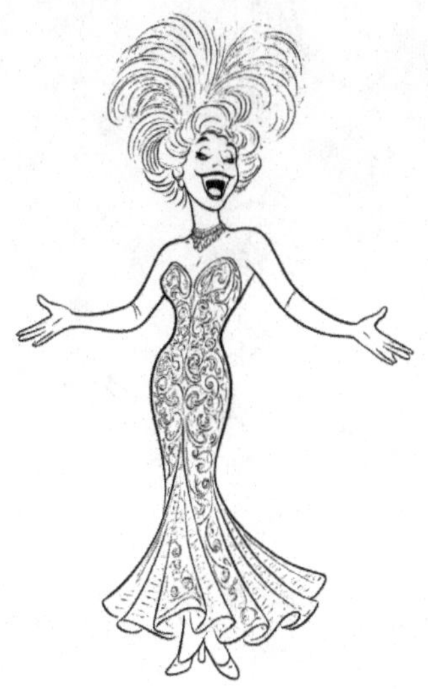

# С ЕГО СОБСТВЕННЫХ СЛОВ

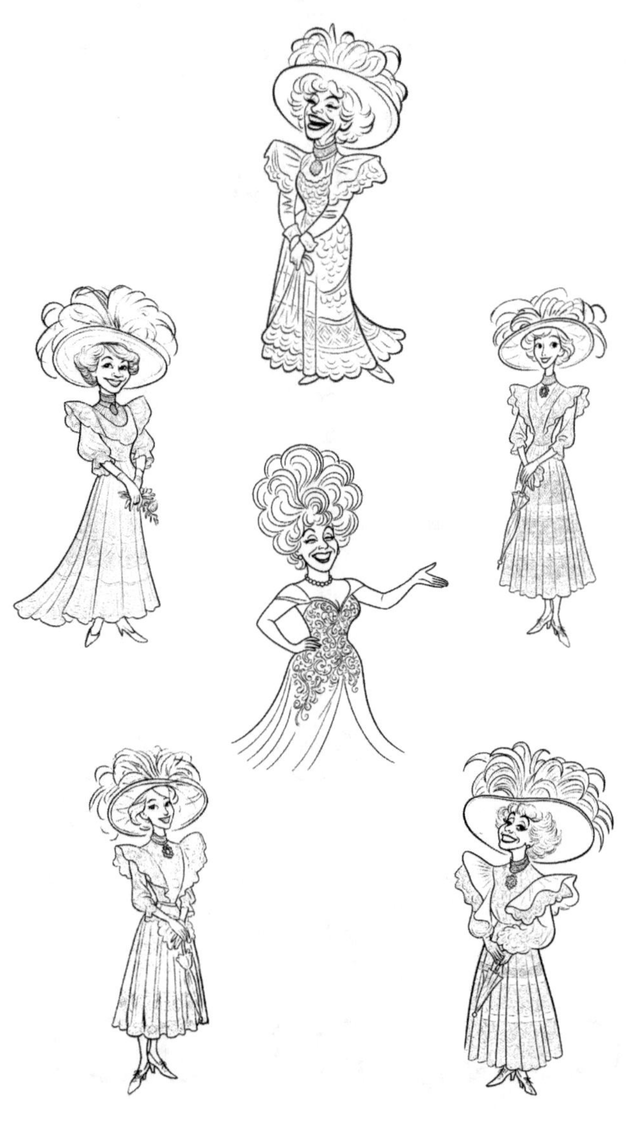

# ОТ АВТОРА

**Э**та часть истории была мною услышана от самого Неисправимого Шоумена в ресторане «Илэйн'з», где я совершенно случайно очутился глубокой ночью, шагая домой после ночной работы. Заскочив на минутку выпить пива в единственном открытом ещё заведении, я застал там последнего посетителя, опухшего от слёз. Им оказался Дэвид Меррик. Обычно не выносивший случайные знакомства, он, совершенно трезвый и без всякого повода с моей стороны, вдруг позвал меня к своему столику и сходу стал горько сетовать на судьбу: только что смерть унесла его давнего и единственного друга, и Меррик каялся в том, что нередко бывал груб и невнимателен к нему. Не зная, как реагировать на неожиданные откровения, я посоветовал ему лучше подумать о самых светлых моментах этой многолетней дружбы.

В ответ Меррик налил себе минеральной воды и начал говорить без остановки, не выбирая слова и время от времени отхлёбывая «Ферарелле» из своего стакана. Он вспоминал, в результате каких отчаянных усилий оба они добивались признания на Бродвее. Обоим принёс известность мировой успех их мюзикла «Хелло, Долли!», но Меррик повторял, что рассказ его совсем не о том.

Его было не остановить. Мы расстались на следующий день, когда заведение стали готовить к перерыву на обед, и до последней минуты он настаивал, что главным его противником всегда были не конкуренты, а... время! Это оно, оно отнимало у него зрителей, сокращало их досуг, отвлекая от мыслей о развлечениях; оно изобретало конкурентов — радио и телевизор, заставляло менять планы, следуя меняющимся вкусам публики.

Победить время, не стать его рабом, не зависеть от политики и мировых катаклизмов — вот что, по его словам, стало целью Меррика, в жертву которой он приносил и дружбу, и вообще любые человеческие связи.

Рассказ его был сумбурен, он перескакивал с темы на тему, нимало не заботясь о его связности: не хочешь — не слушай. Где-то посреди беседы я достал было имевшийся при себе диктофон, но шоумен лишь на секунду прервался, заметив:

— Опубликуешь сейчас — засужу, вовек не расплатишься. Вот отдам концы, делай тогда с этим что хочешь…

Ничего лучше я не нашёл, чем пересказать вам здесь историю в том порядке, как рассказывал её Дэвид Меррик и как я услышал её, запомнил и записал.

# «ХЕЛЛО, ДОЛЛИ!»

## АНАТОМИЯ УНИКАЛЬНОГО БРОДВЕЙСКОГО МЮЗИКЛА: ЕГО ПРОИСХОЖДЕНИЕ, ЗАЧАТИЕ, СОЗРЕВАНИЕ, МУКИ РОЖДЕНИЯ

## ПРОЛОГ
### ЗАРАНЕЕ РАСКРЫВАЮЩИЙ ФИНАЛ ИСТОРИИ

*В конце декабря 1965 года в кабинете секретаря ЦК КПСС Суслова запищал внутренний телефон. Звонил Брежнев.*

*— С американцами мы пересолили малость, Михал Андреич. Всё боремся и боремся с влиянием, а молодёжь танцует себе да посмеивается. Теперь ведь магнитофоны у них у всех: давай-ка выпустим пар чуток... Ну пустим по радио их песенку, что ли, какую полегче, фокстротик там или вроде? Под Новый год было бы самый раз.*

*— Воля ваша, — сухо ответил Главный Идеолог.*

*— Чудненько. Значит — единогласно... — на другом конце линии повесили трубку.*

*В двенадцать десять ночи 1 января 1966 года в СССР на государственных телеэкранах появился картонный тигр с банджо в лапах. Он запел под звукозапись с хриплым голосом, знакомым всему миру.*

*Пирующие оторвались от своих салатов оливье и шампанского, прибавили звук и прильнули к экранам. Из двухсот тридцати — по меньшей мере — сто миллионов зрителей смотрели в этот час свой любимый «Новогодний огонёк», а кукольный тигр рычал там голосом Луи Армстронга: «ХЕЛЛО, ДОЛЛИ!»*

# ПРОИСХОЖДЕНИЕ
## ДАЛЁКИЕ ПРЕДКИ ОБРАЗА

В 316 году до н.э. афинянин Менандр получает первый приз за свою комедию «Ворчун» на театральном фестивале «Менайа». Помимо комического старого брюзги, в пьесе появляется новое лицо: Херей — *Парасит*: приживал, лизоблюд, прихлебатель. Буквально — сидящий поближе к кормушке, к еде — жизнелюб.

Через сто с лишним лет римлянин Плавт показывает свою версию ворчливого старика в комедии «Горшок золота» — и там этот помешавшийся на деньгах персонаж попадает в беду благодаря проделкам вороватого раба.

Ещё через шестьдесят, в 160-м до н.э., карфагенянин Теренций повторяет этот любимый зрителем конфликт: сварливый скупердяй против своих Параситов — хитроумных озорных интриганов.

Образ хитроумного плута *Парасита* теперь занимает прочное место среди персонажей античной комедии.

Проходит полторы тысячи лет.
Шекспир воплощает этот характер в своём Фальстафе.
Позже — Мольер в «Мизантропе» и в «Проделках Скапена».
В девятнадцатом веке австриец Йоганн Нестрой развивает ситуацию на три акта («Уж погуляет он на славу!»); главный персонаж там — сам Ворчун, мрачный скупердяй, который попадает в водоворот интриг и уморительных мистификаций в тот единственный день, что бедняга выбрал для городских развлечений.

1938 год, США. Пулитцеровский лауреат Торнтон Уайлдер случайно обнаруживает этот столетний фарс и пишет свою версию его под названием «Йонкерский купец». (А читатель, вероятно, уже заметил в этом названии ироническую параллель с шекспировским «Венецианским купцом».)

К гордости автора, могущественный бродвейский продюсер приглашает на постановку этой пьесы мировую знаменитость, самого *Макса Райнхардта,* — и в его режиссуре это проверенное тысячелетиями зрелище... с треском, постыдно проваливается на Бродвее!

Какая же связь, спросит читатель, между этими столь далеко отстоящими друг от друга событиями, закончившимися столь бесславно?

# ВРЕМЯ
## ПРОДИРАЕТ СТАЛЬНЫЕ ГЛАЗКИ

Чтобы ответить на этот вопрос, придётся сначала обратиться к мировой истории, вернуться в 1938 год.

В этот период время просыпается и набирает темп.

Русский поэт Пастернак с его «...у времени в плену» за океаном популярностью не пользовался бы. Как заметил Бертран Рассел, поклоняться времени — а значит судьбе и смерти — обречён только раб.

Шоу-бизнесу в Америке это вроде бы не грозило.

«Узники бытовых технических новинок, замечая только их, мы часто не видим, как проносится мимо и улетает в прошлое целая эпоха — и пока сами не затянуты в воронку истории, мы киснем себе в заокеанском болоте, узнавая о мировых событиях лишь за утренним кофе, из газет и радио — и так до конца и не веря в трагедии, происходящие там, далеко за океаном».

Как следует из этой цитаты в «Таймс», Новый Свет даже в бурные двадцатые выработал крепкий обывательский иммунитет к бегу времени.

Но в конце тридцатых затянувшаяся Великая депрессия начала, наконец, возвращать Америку в реальный мир. Ни Новый курс Ф. Д. Рузвельта, ни программы его кабинетных экспертов не смогли дать населению надежду на счастливый конец; на то, что в конце концов *всё будет о'кей».* Рынок не желал восстанавливаться, безработица росла, средний класс разорялся.

Сегодня всем очевидно, что только мировая война и смогла вытащить американскую экономику из глубокого кризиса, но тогдашняя либеральная пресса готова была разорвать на куски любого наблюдателя, осмелившегося на такие грозные прогнозы.

Наиболее прозорливых политиков германо-советский договор «О дружбе и границе» заставил похолодеть от ужаса. Мир понёсся к войне с бешеным темпом.

Именно в это жуткое время шоу-бизнес в Америке процветает; Голливуд, наплевав на депрессию, своими разноцветными, поющими и танцующими картинками привлекает публику, старающуюся не задумываться ни о чём плохом...

Но нас интересуют события, связанные с развитием американского театра.

Две вехи стоят в ней особняком в упомянутый период.

# ДВЕ ВЕХИ ТЕАТРАЛЬНОЙ ИСТОРИИ
## ЗАМЕТНАЯ И НИКЕМ НЕ ЗАМЕЧЕННАЯ

Первая. Невзирая на скандальный провал пьесы «Купец», в том же году Торнтон Уайлдер получает ещё одну премию Пулитцера за другую его всеми признанную пьесу «Наш городок». Затем третью — за новую трагикомедию, и к 1943 году Уайлдер становится чем-то вроде живого классика. Теперь он бросает вызов самому бегу времени, обращается к истории человеческого рода. Он прослеживает жизнь одной семьи в тени надвигающихся мировых катаклизмов через каждые… две тысячи лет! (Эта космическая аллегория с непереводимым названием «*The Skin of Our Teeth*» пока не известна русскому зрителю; впервые она будет опубликована в России лишь через сорок лет под названием «На волосок от гибели».)

Вторая. В разгар театрального кризиса сороковых на Бродвее начинает свою карьеру сын бедного еврейского эмигранта из Сент-Луиса, молодой человек по имени Дэвид Маргулис — тот, кому под псевдонимом *Меррик* предстоит за последующие двадцать лет стать некоронованным императором Бродвея.

После нескольких давшихся нелегко, но всё же успешных театральных дебютов он набирает силы и вскоре становится профессионалом — бродвейским продюсером. Новичок известен своей бешеной пробивной энергией, яростной жаждой успеха, а также весьма сомнительными методами ведения шоу-бизнеса. О его страсти к беззастенчивой, не гнушающейся никакими средствами рекламе начинают рассказывать анекдоты; число недоброжелателей быстро растёт и уже превышает число редких его поклонников — друзей же в Нью-Йорке у Меррика вообще нет!

Он не доверяет местным талантам, им он предпочитает импортных английских мастеров и их проверенные на Вест-Энд спектакли: рисковать и экспериментировать он пока любезно предоставляет конкурентам.

# ВНЕ ПЛЕНА ВРЕМЕНИ
## И ПОДАЛЬШЕ ОТ ПОЛИТИКИ

**З**вёздная карьера Дэвида Меррика кажется медленной по сравнению с нарастающим темпом истории. Время мчится всё быстрее, и обозревателям уже трудно становится следить за мировыми событиями.

Но заботясь лишь о своей карьере, выстраивая придуманный им себе образ театрального Могола, Великого и Ужасного, о чём только ни беспокоится, чем только ни интересуется Меррик — но уж только не мировой политикой и своим местом в ней.

Как признавался он позже в частном интервью, «в театре, каждое утро решая тысячи срочных проблем, ты начинаешь жить текущим моментом и только им, стараешься не оглядываться назад и не думать о будущем. Так канатоходец старается не смотреть вниз и думает лишь о том, как правильно сделать следующий шаг, куда поставить ногу...»

«Ты постоянно действуешь как бы в центре бури, — пояснял Дэвид, — какой бы силы ни достигал ветер, как бы ни рушилось всё вокруг, тебе до этого дела нет; там, где ты находишься, — тишина, нет ни облака, полный штиль, и твоя забота — просто двигаться вместе со штилевым глазом урагана с той же скоростью и в том же направлении: а как иначе ещё уцелеть среди всеобщего хаоса?...»

Просто двигаться... Всего лишь! Не в этом ли и заключался секрет Меррика, его инстинктивного, близкого к звериному чутья, уникального сочетания дерзкого финансового риска, предельной осторожности и самоконтроля?

# НЕСЛЫХАННОЕ
## ВТОРАЯ ЖИЗНЬ ПРОВАЛИВШЕЙСЯ ПЬЕСЫ

**Ч**ерез четырнадцать лет после скандального провала «Йонкерского купца» английский режиссёр Гатри предложил Торнтону Уайлдеру дать ещё один шанс его полузабытому фарсу на театральном фестивале в Эдинбурге. Тайрон Гатри был директором фестиваля и оттого мог обещать пробным показам независимость от кассового успеха. Уайлдер, теперь уже гораздо более уверенный в себе, без особого восторга согласился при условии кое-каких доработок. В последний момент он даже решил изменить название пьесы: к этому были у него веские причины, но о них — позже.

Под новым названием премьера в Эдинбурге состоялась в ноябре 1954 года. Пьеса была принята на ура как критикой, так и восторженной публикой!

Дэвид Меррик, всегда внимательно следивший за театральными событиями в Англии, не стал терять времени зря — и твёрдо решил *открыть* на Бродвее это шоу, уже заслужившее международное признание с талантливой актрисой Рут Гордон в главной роли и под новым названием: *«Сваха»*.

За спиной Меррика был всего лишь один в меру успешный мюзикл. Чтобы закрепиться и развить этот успех на Бродвее, он понемногу заводил нужные знакомства в финансовом мире — и разводился с женой, чтобы окончательно порвать со своим нищим иммигрантским прошлым.

Однако всё это время он без устали искал материал, подходящий для следующего этапа его карьеры — большого прыжка в большой шоу-бизнес! Одну за другой отбрасывал он в корзину пьесы — среди них было немало вполне приличных, а пара-тройка даже явно талантливых, но Дэвиду этого было недостаточно. Четырнадцать лет прошло с его приезда в Нью-Йорк, а он всё ещё числился в новичках подающих надежды. Ему требовалось точное попадание, тот единственно возможный случай, что сделает ему имя в театральном мире, откроет двери, заставит признанных мастеров сцены принимать его всерьёз и разговаривать с ним на равных!

Вот почему уже на следующий день после репортажей о триумфальном воскрешении старого фарса на адрес директора Театрального фестиваля, Эдинбург, Шотландия, пришёл телекс из Нью-Йорка. Офис Меррика предлагал Уайлдеру, Тайрону Гатри и примадонне Рут Гордон перенести спектакль на Бродвей на условиях, от которых в здравом рассудке просто нельзя было отказаться!

Это предложение дерзкого и самоуверенного, но малоизвестного продюсера, однако, осталось без ответа...

## ЛИШЬ НЕСКОЛЬКО СКУПЫХ ШТРИХОВ
### ПРАВКА МАСТЕРА

Здесь нам необходимо на минуту остановиться и вспомнить о переделках, на которых настаивал автор провалившегося «Йонкерского купца».

Многие критики посчитали несколько его поправок чисто косметическими, кто-то с глупой скрупулёзностью подсчитывал количество дописанных им слов и поменявшихся местами реплик... Кабинетные теоретики-литературоведы, ни ухом, ни рылом не смыслившие в природе театра, вообще не понимали, зачем помимо названия (возможно, по настоянию главной исполнительницы Рут Гордон) потребовались ещё какие-то изменения — настолько они показались им незначительными!

А между тем драматические различия между «Йонкерским купцом» и «Свахой» были огромными, принципиальными!

В «Купце» персонаж Свахи был лишь приёмом, побочным действующим лицом, служившим для разрешения запутанных драматических ситуаций, живым воплощением *Deux ex Machina* — и не более того.

Разрабатывая сюжет, Уайлдер мучительно долго не мог справиться с развязкой в третьем акте, то есть с финалом пьесы, пока не изобрёл сваху по имени Долли! Теперь лишь только фабула завязывалась в мёртвый узел, раздавался крик «Зовите Долли!» — и тут же обнаруживался выход из тупика.

## СКЕЛЕТ ОБРАЗА
### НАРАЩИВАЕТ ПЛОТЬ

В процессе работы его Долли стала обрастать деталями характера: вот она уже не просто сваха, по самой профессии посвящённая во множество секретов; не вообще некая вдова, но, как сама она говорит о себе, мастерица на все руки и «*в каждой бочке затычка*». (В оригинале для этого потребовалось лишь одно слово: *busybody* — *вездесущая*. В том контексте уличная идиома означала, что Долли была постоянно в курсе всех последних событий, всех человеческих тайн — и она всегда рада была оказаться полезной другим. Именно так: всех и всегда!)

Немудрено, что такой живой бурлящий характер начал вытеснять на второй план главного героя — знакомый тип вечно всем недовольного ворчуна, не говоря уже о других персонажах. В результате в пьесе образовались пустóты; на фоне энергичной, никогда не унывающей Долли все остальные персонажи бледнели, их чувства казались публике пресными, сцены — затянутыми; зритель каждый раз ждал, когда же, наконец, появится на сцене Долли и одним махом разрешит все запутанные конфликты.

Могучему, но несколько тяжеловесному таланту великого Макса Райнхардта такая логика действия — абсурдная логика фарса — была чужда; запросы бродвейской публики казались ему вздорными, плебейскими, потребительскими. Европейский режиссёр потерял, что называется, *«чувство аудитории»* — и результат не замедлил сказаться. «Купец», не выдержав и тридцати представлений, тихо сошёл со сцены…

В «Свахе» же главным действующим лицом стала Долли, а вовсе не её клиент, богатый *йонкерский* купец *Горас Вандергелдер*. И всё, что для этого потребовалось, — это замена нескольких строк текста и перенесение двух случайных реплик из первого акта в финальный монолог, завершающий пьесу. Этих не оценённых критиками нескольких штрихов мастера оказалось достаточно, чтобы произвести настоящий переворот среди традиционных персонажей комедии положений — фарса.

## ВЕКОВАЯ ТРАДИЦИЯ
### ЖАНРА, ЛЮБИМОГО ПУБЛИКОЙ

Нам с вами придётся вернуться в самое начало истории, к Новой Аттической комедии, к Менандру и его *параситу* Херею, чтобы понять, насколько необычным, новым (чтобы не употребить надоевшее слово *революционным*) оказался образ свахи Долли.

Дело в том, что с незапамятных времён фарс — грубовато доведённая до абсурда, до бессмыслицы цепь недоразумений — покоился на постоянстве персонажей, легко узнаваемых публикой. Они по воле автора «случайно» попадали в самые неправдоподобные ситуации; фабула развивалась, вернее, запутывалась с невероятной быстротой, а зритель, издавна знакомый с чертами характера персонажей, понимал и предвкушал их действия с полуслова и не нуждался в пояснительных монологах, замедлявших ход событий. Публика не успевала соскучиться, настолько быстро бежало действие, а глубина характеров аудиторию не особенно волновала.

В поздней разновидности площадного фарса — Комедии масок (*commedia dell'arte*), где публика заранее знала, чего ожидать от каждого персонажа, актёры могли свободно импровизировать в рамках заданной ситуации; чуть приподымая маски, они даже сами подтрунивали по ходу над своими героями и подмигивали зрителям — что неизменно вызывало восторг и аплодисменты.

Многое позаимствовала Комедия масок у античных авторов, но главное — это железное правило набора дежурных, не меняющихся, знакомых зрителю условных образов: их постоянство дарило свободу авторской фантазии, позволяло бросать персонажи в невероятные обстоятельства к вящему удовольствию публики, не затруднявшей себя вопросами правдоподобия. Неизменными оставались *Панталоне, Иль Дотторе (Врачеватель), Иль Капитано (Капитан), Арлекин, Коломбина, Пьеро*... Со времён Менандра в фарсе не менялись персонажи ворчливого подозрительного *Богача*, простоватого *Хозяина дома*, засидевшегося у него в гостях *Прихлебателя*, привередливого скупого *Холостяка*, хвастливого *Солдата*, пройдохи-*Слуги* (нередко — двух господ!), бойкой и смышлёной *Горничной* и ещё десятка других, побочных действующих лиц, пока...

# ВЫЗОВ АВТОРА
## УСТАНОВИВШИМСЯ КАНОНАМ

...Пока в середине двадцатого века, при помощи нескольких вымарок и переадресовки монологов, Уайлдер не разбил привычный зрителю стереотип, не вывел побочное действующее лицо в главные герои и не создал впервые в истории жанра многомерный, мятущийся, развивающийся по ходу пьесы женский персонаж, который обладал свойствами характера, прежде считавшимися недопустимо противоречивыми, несовместимыми.

Как же это ему удалось?

Сваха (так же, как и её близкая коллега — Сводня) была знакома театру и зрителю вот уж который век — это образ симпатичный, самим родом занятий заключающий в себе нечто добродушно-комическое. Эта женщина (а по сути — существо без определённого пола, возраста и морали) выполняет лишь свою роль катализатора в чужих интимных отношениях. Её дело — держать свечу, дабы в критические моменты влюблённым не помешали — как фигурально, так и буквально — различные шпильки и булавки. Сваха пассивна, нужда в ней отпадает, когда в будуаре наконец гаснет свет и наступает счастливая тишина. Собственных романтических интересов у Свахи нет. Когда она в отчаянии, ей не сочувствуют; над ней смеются, когда она попадает впросак, но зато всегда рады её удаче, когда она оказывается причиной, даже если и невольной, счастливого разрешения конфликта. Ей желают успеха в её предприятиях. То есть в целом — она персонаж публике приятный, хотя и чисто служебный, эпизодический.

Хитроумный *Парасит*, с другой стороны, какими бы забавными и морально оправданными ни были его козни, каким бы блестящим острословом ни был он сам — и каким бы тупым ни выглядел его жадный и тщеславный патрон, Парасит — это персонаж опасный, негативный; публика с самого начала предвкушает провал его планов, ожидает скандала его разоблачения и расплаты за причинённый ущерб. Успех Парасита к концу пьесы неизбежно означал бы для разочарованного зрителя победу сил зла!

Даже всегда избегавший одномерных образов Шекспир, создав, по общему мнению, самый яркий свой персонаж — Фальстафа, так и не решился преступить вековую театральную традицию. При всём восхищении жизнелюбием и циничными философствованиями этого труса, пьяницы и обжоры, Фальстаф остаётся мил зрителям прежде всего тем, что всегда первым готов весело признать своё фиаско! «На сей раз я, сдаётся мне, остался в дураках» («*I do begin to perceive that I am made an ass*»).

Порок, таким образом, признаёт своё поражение, и справедливость торжествует... во всяком случае до следующего появления Фальстафа на сцене!

Уайлдер же взял — и объединил в одно привычную зрителю добродушную бесполую Сваху и неутомимого жизнелюбца-манипулятора Парасита! Более того, в новом варианте пьесы автор наделил главную женскую роль обычно отталкивавшими в Парасите качествами *busybody* (вездесущего). Он сделал героиню энергичной, любопытствующей, радующейся любым проявлениям жизни. В результате получалось нечто большее, чем просто сумма противоречивых качеств. Много большее: рождался многогранный живой характер!

# РОЖДЕНИЕ НОВОГО ОБРАЗА

**З**десь нет нужды пересказывать фабулу пьесы: если кому-то понадобится, её синопсис можно найти в любом справочнике. Нам же достаточно упомянуть основные повороты линии Долли, вдовы из Йонкерса.

Прежде всего — её имя. Оно звучит достаточно непривычно. Рано оставшись сиротой, ирландка Долли Галлахер вышла замуж за добрейшего Ефрема Леви (в английском произношении Ливай), еврейского эмигранта из России. Он был много старше неё и во многом заменил ей отца; она взяла его имя и стала Ливай-Галлахер. После смерти мужа Долли в каком-то смысле стала его реинкарнацией; даже в ирландском выговоре её появились еврейские восточно-европейские интонации.

Оставшись одна, Долли провела некоторое время в затворничестве, но потом ей пришлось выйти в свет, чтобы пополнять свой скудный бюджет случайными заработками, в том числе и сватовством. В последнем ей сопутствовала удача. Объясняет она свой скромный успех страстью вмешиваться в чужие жизни. Желающих Долли всегда готова научить манерам и танцам, а в случае необходимости преподать будущим молодожёнам даже и уроки... игры на мандолине!

Одним из её клиентов оказывается мрачноватый циник, вдовец *Вандергелдер*, муж покойной подруги, и в процессе поиска ему достойной партии мы и застаём Долли на сцене. Однако, к собственному немалому удивлению, она и сама начинает подумывать о браке с этим, на первый взгляд, мало симпатичным клиентом. Дело в том, что в маленьком сонном Йонкерсе тот считается богачом и ни на минуту не позволяет окружающим об этом забыть. Он, владелец местной лавки «Сено и Фураж», является среди них настоящим *ПОЛУ-миллионером*!

Что касается Долли, ей кажется, что если вдовца как следует встряхнуть и избавить от присущего ему мелкого тщеславия и отвратительной жадности, ей удастся вернуть его к жизни, сделать эту жизнь много легче и радостней.

Вот, собственно, и вся основная линия Долли — если не считать того, что на пути к её планам — и благополучному финалу пьесы — камнем преткновения лежит память о муже, мудром и щедром благотворителе и — полной противоположности угрюмому скупцу Вандергелдеру. (Читатель наверняка заметил уже в пародии на это голландское аристократическое имя еврейское слово, знакомое любому ньюйоркцу, *гелд* — деньги).

И вот, пока её незабвенный ментор Ефрем Ливай не отпустит Долли из плена памяти в мир несовершенных, суетных, нередко вздорных, но живых людей, счастливое разрешение пьесы будет немыслимо, а неразрешимый, загнанный в тупик сюжет будет обречён топтаться на месте.

Впрочем, лучше всего об этом сможет рассказать она сама. Поэтому здесь кажется уместным привести полностью её монолог, завершающий пьесу и давший Долли (да и всей «Свахе») вторую жизнь.

# ФИНАЛЬНЫЙ МОНОЛОГ

## ДОЛЛИ
*(одна)*

Ефрем Ливай, я собираюсь снова выйти замуж. Ефрем, я выхожу замуж за Гораса Вандергелдера и его деньги. И деньги эти я пущу на все те добрые дела, которым учил меня ты. Конечно, это не сможет быть браком, в котором две души сливаются в одну, как это было с нами, о нет! Но поверь, я ещё могу приносить другим радость. И ещё, Ефрем, — я устала. Я устала еле сводить концы с концами, и я прошу твоего разрешения — ты отпустишь меня, Ефрем?

*(К зрителям)*

Деньги! Деньги! — это как солнце, под которым мы все ходим; одним оно несёт смерть, другим исцеление... Деньги мистера Вандергелдера! Вандергелдер не устаёт повторять, что большинство людей на земле — дураки. И в чём-то он прав, разве нет? И сам он дурак, и соседи Айрин и Корнелиус... Да и я тоже!

Но наступает ведь однажды момент в жизни, когда каждый должен решить для себя, быть ему среди живых людей или напротив — оставаться дураком среди дураков. Или того хуже — дураком-одиночкой! Что до меня, то я выбрала быть живой среди живых.

Не всегда было так. После смерти Ефрема я уползла глубоко внутрь себя. Да, да, я звала вечерами домой кота, запирала дверь и наливала себе рюмочку рома с гвоздикой; и перед тем, как пойти спать, я не забывала поблагодарить Бога за свою независимость, за то, что ничья чужая жизнь не мешает моей. И когда на колокольне Троицы било десять, я уже крепко спала и в общем была вполне этим довольна.

Но однажды, спустя года два, из моей Библии выпал дубовый листок. Я заложила его между страницами, когда Ефрем сделал мне предложение; лист прекрасно сохранился, только вот потерял цвет, засох. И я вдруг вспомнила, что давно уже разучилась плакать; и даже наоборот, наивно мечтать о том, что что-то как-то в конце концов повернётся к лучшему в моей жизни. Я поняла, что сама стала похожа на мёртвый листок. И той ночью я решила вернуться назад к человеческой расе.

Да, конечно, мы дураки и собственной дуростью способны уничтожить и себя, и весь мир. Но самый верный способ спасти нас от гибели, это подарить нам те немногие — четыре, пять — из человеческих радостей, что делают нас лучше в этом мире — и ведь это так недорого стоит!

Да, разница между небольшими деньгами и их полным отсутствием чудовищна — и может привести мир к концу. В то время как разница между скромными деньгами и огромными не так бросается в глаза — но и она тоже может уничтожить мир!

Деньги... я всегда чувствовала, простите за выражение, что деньги подобны навозу; он тоже ровно ничего не стоит — пока его не разбрасывают, чтобы питать ростки новой, молодой жизни.

Так, во всяком случае, считает новоиспечённая Миссис Вандергелдер номер два.

*(Занавес)*

# СМЫСЛ И ЭФФЕКТ
## «НЕЗНАЧИТЕЛЬНЫХ» ПОПРАВОК

Читатель уже догадался, что финальное обращение к публике — это и были те «косметические» несколько строк, перенесённые автором из середины первого акта в конец спектакля. Не считая упоминания о дубовом листке, весь текст присутствовал и в прежнем варианте пьесы. Но только в ином контексте, и сказанное по иному поводу изречение о деньгах и навозе воспринималось публикой всего лишь как «хохма», парадокс, очередная шутка чудаковатого мужа Долли, еврейского филантропа — а вовсе не как идея всего образа и всего спектакля, высказанная хоть и с юмором, но без всяких обиняков, прямым обращением в зал!

Прямо скажем, в 1964 году в Соединённых Штатах было не очень принято сравнивать деньги с навозом...

На этом, собственно, можно было бы и закончить рассказ об эволюции древнего женского образа и древнего фарса.

Театр открыл для себя новые возможности: родился новый жанр, в котором вполне реалистический персонаж, пришедший как бы из другого мира — или по меньшей мере совсем из другой пьесы, — управлял и манипулировал условными персонажами, масками. Итальянский классик Луиджи Пиранделло пробовал нечто подобное в своей пьесе «Шесть персонажей в поисках автора». В ней недописанные автором образы приходят в театр на репетицию в надежде найти автора или кого-либо, кто вдохнёт в них жизнь.

Можно считать, что именно в «Свахе» *Персонажи* мастера Комедии масок Пиранделло нашли наконец своего *Автора* — и это оказался вовсе не драматург, диктующий свою волю из зала по ту сторону рампы, а одно из действующих лиц прямо на сцене, в том же измерении времён и в тех же драматических обстоятельствах, что и сами Маски.

И, как выяснилось, такое сложное смещение реальности, такое нарушение единства условности никому из публики, даже самой «бродвейской»: простецкой, неподвижной и заштампованной — ничуть не помешало!

Это был настоящий переворот в театральном искусстве, прошедший, как это часто бывает, почти незамеченным современными критиками. После «Свахи» стало немыслимо предлагать зрителю спектакли, сделанные в традиционной манере с «четвёртой стеной», даже в самом консервативном коммерческом театре. Можно (хотя и небесспорно) утверждать, что именно «Сваха» дала возможности в последующее десятилетие хлынуть на Бродвей целому потоку молодых талантов и наполнить его самыми необычными зрелищами.

# ВРЕМЯ БЫ ЗАКОНЧИТЬ РАССКАЗ
## НО НЕ ПОЗВОЛЯЕТ ИСТОРИЯ

Но закончить рассказ о «Долли» традиционным переходом к эпилогу: «Остальное, как говорится — история…» — просто никак не возможно.

Ибо мировая история в последующие десять лет начинает уже не просто нестись, но скакать, будто сорвавшись с цепи, без всякой логики, опрокидывая все прогнозы, издеваясь над аналитиками, сводя международных обозревателей с ума своими выкрутасами.

И все эти годы занимаясь своими театральными делами, Дэвид Меррик не проявляет никакого интереса к зигзагам и завихрениям времени; он никак не предполагает, что ему придётся быть поневоле втянутым в большую политику и водовороты мировых событий.

Итак, продолжаем.

# НЕСЛЫХАННОЕ II
## ВТОРОЙ ШАНС УПРЯМОГО ШОУМЕНА

Так и не дождавшись ответа на свой телекс, Меррик сам отправился в Лондон и через месяц с четвёртой попытки попал наконец на приём в грим-уборную к Рут Гордон.

Стараясь не кусать от застенчивости ногти, обычно нагловатый Дэвид как мог изложил своё предложение — и, едва выслушав его, звезда неожиданно сразу согласилась. Меррик уже готов был упасть в обморок от радости, когда она прибавила лишь одно маленькое условие: в Нью-Йорке вместе с ней должна будет выступать и вся её английская труппа.

Лишь одно?! Одно, маленькое?!! Да это условие было похуже решительного отказа. Заикнись он о таком на Бродвее, театральный профсоюз «Экуити» разорвал бы его в клочки на месте за наглость: попытка отобрать у рвущихся на сцену американских актёров кусок хлеба и отдать его англичанам!..

Меррик глубоко вздохнул и попытался торговаться, но актриса остановила его мягким жестом изящной ладони.

— Дэвид, миленький, я знаю театр лучше, чем вы. Заменишь один элемент — и нарушится весь баланс постановки. Мы играем уже третий месяц при полных сборах. С другими людьми у вас получится совершенно иной спектакль.

О, за четырнадцать лет Меррик отлично изучил эту стальную мягкость звёздных речей: спорить было бесполезно. Ему ничего не оставалось, кроме как отправиться домой для переговоров с «Экуити» — то есть полететь прямо в пасть к дракону.


Правдами и неправдами, лестью или посулами, а главное — бесчисленными финансовыми обязательствами, но ему надо было во что бы то ни стало смягчить позицию профсоюзов.

По достигнутому компромиссу, пятьдесят один процент работников нового шоу должны были быть американцами — ему пришлось сразу же согласиться набрать второй состав участников, уже целиком из местных актёров и служащих сцены. Ставка на успех таким образом подскочила вдвое, потом втрое — и Дэвиду оставалось только надеяться на оправдание расходов будущими гастрольными турне… если до этого дойдёт, если они вообще состоятся!

Так или иначе, но к сезону 1955–56 года ему каким-то чудом удалось почти в полном составе перенести английскую постановку «Свахи» на Бродвей и после нескольких неудачных прогонов добиться положительных рецензий.

Но что гораздо важнее — удалось завоевать энтузиазм публики!

«Дэйли Ньюс» восторженно описывала «...этот безостановочно безумствующий балет, сравнимый разве что с лучшими комедиями немого кино — только раз в десять смешнее, со звуком: со словами Торнтона Уайлдера, которые первоклассный ансамбль то шёпотом, то рыком, то визгом или рёвом доносит до воющего от хохота зрительного зала».

Спектакль продержался больше года на Бродвее, выдержал 488 представлений!

Но ненасытному Меррику этого было мало: для него «Сваха» была всего лишь ещё одним шагом к главной цели.

Какой-то молодой эдинбургский критик, захлёбываясь от восторга, написал, что «...это шоу обладает взрывной энергией музыкальной комедии, но с таким замечательным, крепко выстроенным сюжетом, что словно и самую музыку в нём сочли излишней и отказались от неё за ненадобностью».

И вот, все последующие десять лет Меррик ни на минуту не забывал этот отзыв, когда он упорно, шаг за шагом, продвигался к созданию мюзикла на материале «Свахи».

# КРУТЫЕ ВИРАЖИ СОБЫТИЙ

Между тем, в июле 1957-го в Москве открылся Международный Фестиваль молодёжи, где впервые рядовым гражданам СССР дозволены были личные контакты с иностранцами. Фестиваль проходил под лозунгом «За мир и дружбу», но в августе 57-го ТАСС сообщило об испытании советской межконтинентальной баллистической ракеты — и в мире военных снова началась паника; ракета означала, что у России вот-вот появятся средства доставки ядерного оружия.

А ещё через два месяца, когда русские запустили *спутник*, в США начался уже настоящий переполох среди широкого населения: кто побогаче, спешно строил персональные атомные убежища, а в публичных школах была возобновлена программа *«Duck and Cover»*, где детей учили в случае ядерной тревоги сразу же нырнуть лицом в пол под парту, вне доступа световой вспышки, а потом открыть рот, прикрыть руками глаза и уши и надеяться на лучшее.

Атмосфера снова в корне меняется, когда через год в Москве на Конкурсе Чайковского первое место вдруг присуждают американскому пианисту — с ведома и личного дозволения Хрущёва! Сентиментальный, несколько женственный техасец *Вэн Клайберн* в одночасье становится любимцем толпы, его называют «наш *Ваня Клиберн*», и в московских вытрезвителях можно услышать, как вместо привычной «Ой, цветёт калина…» пьяницы, нарушая общественный покой, выкрикивают со страстью в стиле Клайберна первые аккорды Концерта си-бемоль минор Чайковского, Опуса 23.

Американцы теперь — их лучшие друзья, свои ребята, все они любят русскую музыку и вовсе не похожи на толстых стариков в чёрных цилиндрах с еврейскими крючковатыми носами — американских поджигателей войны из журнала «Крокодил».

По ту сторону океана телезрители тоже вздыхают с облегчением. Русские, оказывается, поголовно все любят фортепьянные концерты, и за них награждают американских исполнителей, а не вербуют их в атомные шпионы и не заставляют голосовать за коммунистическую партию!

О великая сила настоящего Парасита — полного стереотипов мошенника-Телевизора, непрошеным гостем занявшего своё место в углу каждой гостиной в мире!

На экранах и в публике царит благодушие и ожидание конца холодной войны. Надолго ли?..

*И в такой новой, разгорячённой телевидением атмосфере в Женеве заключается в 1958 году Соглашение «О Культурном Обмене между США и СССР».*

# СО ВРЕМЕНЕМ НАПЕРЕГОНКИ

Между премьерами «Свахи» и «Хэлло, Долли!» Меррик ухитрился выпустить тридцать три спектакля. То есть практически каждые три месяца на Бродвее появлялось новое шоу, которое он представлял — один или с партнёрами. Более половины постановок принесли ему успех, оказались настоящими «хитами». Да-да это не опечатка, более половины!

Никто уже больше не называл Дэвида подающим надежды: если он их и подавал, то в течение пяти-шести сезонов успех его превзошёл самые радужные ожидания его финансистов. Более того, даже его неудачи критика теперь готова была скорее отнести к *success d'estime* (почётным поражениям), нежели к провалам. Пятнадцатилетний опыт театральной практики начинал, наконец, приносить плоды.

Казалось бы, Дэвид достиг своей главной цели — всеобщего признания, но нет! Ненасытным его амбициям предела не было, ему нужен был не просто «хит», но хит мировой, *сногсшибательный — smash hit*. И он упорно продолжал трудиться над своей, тогда ещё не имевшей названия, «Долли».

В 1959 году он основывает Фонд Искусств Дэвида Меррика, некоммерческую корпорацию, позволившую познакомить широкую театральную публику с авторами и режиссёрами, о которых в мире традиционного театра никто не слыхал, да и не желал слышать.

Сегодня эти имена известны любому студенту драматической школы, но в те годы даже такие авторы, как Теннесси Уильямс, были известны лишь своей зависимостью от барбитуратов и кассовыми провалами пьес — да и то только самым завзятым театралам!

И никто уже не помнит сегодня, что это именно он, столь жадный до денег Меррик, открыл в Америке дорогу таким безнадёжным в коммерческом плане пьесам, как «Карьера Артуро Уи», «Оглянись во гневе», «Вкус мёда», «Мария Головина», «Молочный поезд больше здесь не ходит», «Марат/Сад» и ещё многим...

# ДЖИПСИ
## СУГУБО НАЦИОНАЛЬНЫЙ ХАРАКТЕР

И всё же самыми важными для него событиями в этот период явились отнюдь не все его успешные спектакли, но лишь два из них: мюзиклы «Джипси» сезона 1959 года и «Карнавал!» — 1961-го. И если последний был переработкой для живого театра старого голливудского киносюжета...

...то замысел мюзикла «Джипси» был на сто процентов детищем Дэвида.

Однажды в журнале «Харперс» он наткнулся на историю безумствующей театральной мамаши, в погоне за успехом и славой изо всех сил толкавшей своих дочерей на сцену — пока одна из них не стала действительно суперзвездой... стриптиза (!) и не написала об этом мемуары.

Меррик, не задумываясь, купил права на эту книгу и сразу же отослал её экземпляр звезде музыкальной комедии Этель Мерман с предложением сыграть роль Джипси, одержимой успехом мамаши…

…И через полгода жёлчный, известный своей скупостью на похвалы критик Уолтер Керр уже называл в своём отзыве «Джипси» «самым лучшим мюзиклом, что мне, чёрт меня дери, довелось увидать за долгие годы на Бродвее…»

Даже снобистский «Нью-Йоркер» дважды употребил эпитет *great*, «великий», в рецензии на спектакль!

Но для Дэвида важнее было другое: кажется, в этом мюзикле удался образ неистовой, помешанной на успехе Джипси…

Много лет Меррика обвиняли в контрабанде европейских талантов; враги объявляли его холодным ремесленником, портным-умельцем перелицовывать добротный английский продукт на вульгарный бродвейский лад. Но Джипси — извините! — это уже был оригинальный, сугубо американский персонаж, да и сама её история — чисто американская. Поэтому «Джипси» оказалось таким важным шоу для Дэвида: для него оно послужило бесценной пробой пера, уроком, ступенью в познании основных секретов музыкальной драмы!

Сама Джипси помогла до конца понять движущие силы его будущей главной героини, Долли. И для воплощения Долли на сцене она помогла ему определить тот сугубо американский тип актрисы, что Меррик, за незнанием более подходящего термина, называл *comedienne* («клоунесса»), чем, естественно, вызывал ярость полных самоуважения жриц Шекспира и Стриндберга, артисток второго плана, мечтавших о высокой трагедии.

Пусть критики теперь считают «Джипси» событием в истории американского театра, думал Дэвид, но для него оно было важно лишь накоплением опыта для «Долли». Об этом, впрочем, никто не должен был даже подозревать…

# НАЗАД НА ШКОЛЬНУЮ СКАМЬЮ
## ТАЙНОЕ ПОСТИЖЕНИЕ СЕКРЕТОВ ПРОФЕССИИ

Меррик любил повторять, что не вмешивается в творческие дела; мол, его заботы — это администрация, финансы, реклама и кассовые сборы.

В этом была изрядная доля лицемерия.

Его тщательно хранимым секретом было болезненное ощущение недостатка образования, нехватки базовых академических знаний. При всех своих несомненных способностях, он не забывал, что в профессии он на самом деле был самоучкой, лишь одарённым дилетантом; и сейчас, когда успех открывал ему возможности приобщиться к большому искусству, больше чем когда-либо ему начинали мешать пробелы в систематическом образовании.

Тонкости и нюансы, которые в процессе работы он куда лучше многих ощущал нутром, инстинктом, он не в состоянии был облечь в слова, внятно объяснить их авторам, самому осмыслить их как систему. Не вооружённый терминами, от этого не способный даже к получению помощи советами профессионалов, Дэвид часто блуждал в потёмках, пробирался к своим целям на ощупь. Не в силах поделиться своими соображениями с артистами, он теперь всё чаще терял контроль над собой и прибегал к единственно доступному ему способу коммуникации — крикам и угрозам выйти из бизнеса, бросить шоу к чертям собачьим на произвол судьбы. Иногда это помогало достичь желаемого результата, чаще — нет.

Он действительно избегал обсуждать творческие вопросы — по своим вполне циничным соображениям. Если ему что-то не нравилось на сцене или публика оставалась холодной, он орал и топал ногами на актёров и творческий состав. Расчёт был прост: если после криков что-то делалось по его требованию и менялось к лучшему, он, естественно, приписывал это себе, а в случае неудачи — всегда был рад свалить на других собственные ошибки.

Но в секрете от всех, даже от своей очередной новой жены Джинни, Дэвид непрерывно учился. Учился и на чужих, но в основном — на своих же ошибках. И год за годом он откладывал работу над «Долли» только оттого, что чувствовал, что к ней он всё ещё не готов.

# ПОИСКИ КЛЮЧА
## К ЖАНРУ БУДУЩЕГО ЗРЕЛИЩА

Что касается «Карнавала!», то в процессе его создания Дэвид определил для себя нечто ещё более важное: уникальный *жанр* будущего мюзикла.

Готовясь к рекламе «Карнавала!», он однажды случайно наткнулся в архиве на афишу бурлеска начала века. На ней была изображена карнавальная красотка *в маске* домино, рискованно одетая в воздушное цирковое платье длиной чуть выше колен; множество бечёвок было крепко зажато в её розовых кулачках. Дёргая за них, она манипулировала целой дюжиной восторженных мужчин, покорно стоявших на коленях или лежавших у её ног. Все они были одеты строго формально — в чёрные фраки, с тросточками, с крахмальными манишками и твёрдыми воротничками, но все казались лилипутами, едва достававшими красотке до колен — и все напоминали марионеток.

Дэвид-самоучка к этому времени уже успел глубоко и основательно познакомиться и с историей средневековых мистерий, и с площадной Комедией масок — *commedia dell'arte*.

Именно по этой причине ему тогда стало вдруг ясно как день: его «Долли» — это и должен быть *Карнавал Масок*!

Именно — *карнавал*: непрерывный парад, праздник, шествие. И это должна быть гротескная, несерьёзная, именно *кукольная комедия*, но в которой кукловодом должна быть Долли, единственный реалистический живой персонаж, со своими страстями и переживаниями, вышедший на сцену, чтобы служить мостом между условными картонными масками действующих лиц и публикой!

Только теперь Дэвид почувствовал, что его уроки и часы за столами библиотек наконец окупились и он готов приступить к главной своей работе. «Долли» выстроилась у него в голове, сложилась; оставалось лишь перенести её в реальность, на сцену. И никто на Бродвее не умел это делать лучше, чем он, Дэвид Меррик!

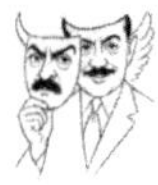

# АКТ ЧЕТВЁРТЫЙ

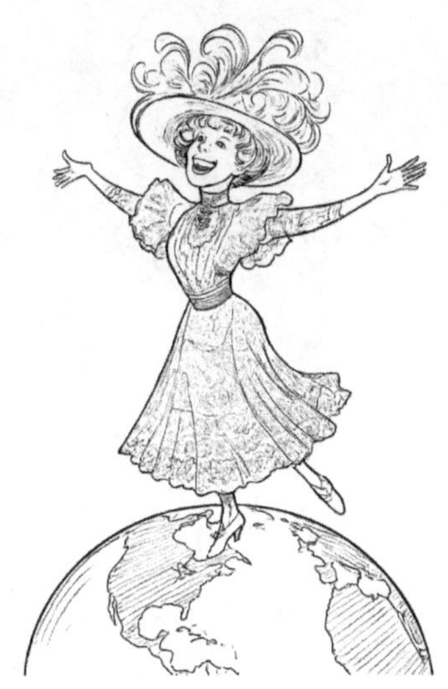

# ВТЯНУТЫЙ
# В БОЛЬШУЮ ПОЛИТИКУ

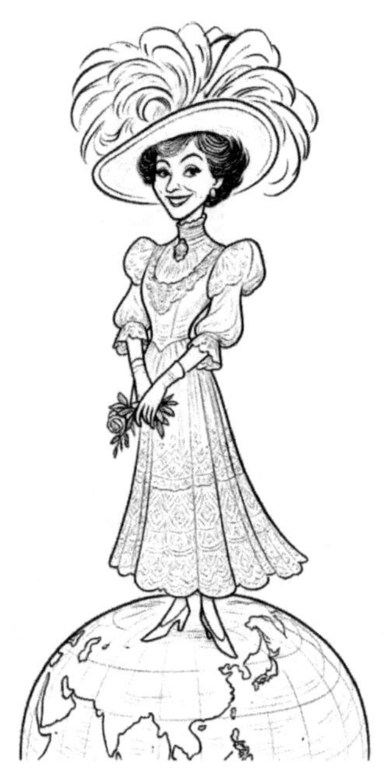

# ОТ НЕЁ НЕ СПРЯЧЕШЬСЯ
## НО КАК ЕЮ ВОСПОЛЬЗОВАТЬСЯ?

Существуют сотни переводов и толкований известного изречения Перикла, но суть их остаётся неизменной: нельзя сказать, что, занимаясь лишь своим делом, ты стоишь в стороне от политики, ибо без политики любое дело — немыслимо.

Иными словами, от политики не спрячешься.

На самом деле Меррик никогда и не пытался спрятаться, просто уйти от реальности: его подход к потрясениям в мире и стране был куда более холодным и циничным. Мировые события либо способствовали кассовому успеху его постановок, либо наоборот, мешали ему. Это, собственно, и определяло политическую линию поведения Меррика-гражданина. То есть гражданином продюсер Меррик был, прямо сказать, никудышным.

Дэвид не удивился, когда в начале августа 1964-го в его офис позвонил Белый Дом. Он лишь попросил секретаршу Хелен Никкерсон убедиться, что это не розыгрыш. Звонили из предвыборного штаба нынешнего президента. Точнее, Исполняющего обязанности Президента до ближайших Выборов, Линдона Джонсона.

На подобного рода звонки опытная секретарша всегда отвечала, что мистер Меррик в данный момент находится за кулисами. Это давало его ассистенту *Делинну* по меньшей мере полчаса, чтобы окольными путями разузнать причину звонка...

# БОЙКИЙ АССИСТЕНТ
## ОПРАВДЫВАЕТ СВОЁ ЖАЛОВАНЬЕ

Несколько лет назад Алана Делинна, не обладавшего ни опытом, ни даже минимумом интеллекта, необходимого для работы в театре, наняли в офис по одной-единственной причине: в детстве он дружил с одной из сестёр Джона Фитцджеральда Кеннеди.

Перед знакомством с Мерриком Делинн позаботился о том, чтобы тому показали репортаж о каком-то приёме в Белом Доме. На экране было отчётливо видно, как, приветствуя гостей, президент останавливается на секунду и даёт дружеского тычка под рёбра Делинну — а тот в ответ хлопает президента по плечу. Достаточно, чтобы получить должность в офисе Меррика.

Через месяц, правда, выяснилось, что Мистер Президент тут же шёпотом спросил помощника, чтó это был за парень — лицо вроде знакомое, а вот имя вылетело из головы. Но за этот месяц, пользуясь именем Меррика, Делинн уже оброс десятками важных знакомств и контактов, действительных и мнимых.

Когда выяснилось, что группа астронавтов во главе с легендарным Уолтером «Уолли» Ширра собирается приехать в Нью-Йорк, Дэвид вызвал Делинна в свой красный кабинет и поручил обеспечить посещение всей звёздной командой его мюзикла «Остановите мир — я сойду!».

Ещё с утра измученные бесчисленными тостами, речами и восторженными зрителями парада, бедные астронавты с трудом боролись с опьянением, но всё же сумели высидеть длинное шоу до конца.

Мюзикл был зачат в Лондоне для снобистской публики Вест-Энда и использовал даже древнегреческий хор. Половина астронавтов — и их жены — никогда до этого не бывали в Нью-Йорке и о древнегреческом хоре имели представление довольно приблизительное. Однако из Белого дома специально позвонили с рекомендацией им посетить этот спектакль; героям неудобно было отказаться, и они терпеливо ждали окончания представления, чтобы опохмелиться в соседнем баре. Телекамеры и фоторепортёры при этом фиксировали каждый их шаг—а вместе с ними *случайно* попадал в объектив и Дэвид Меррик. Продажи его билетов в тот день подскочили в два с половиной раза. Такое вмешательство политики в искусство Меррику определённо понравилось. Ассистент Делинн оправдал своё жалованье, и мы ещё вернёмся к нему.

# ЗАМЫСЕЛ ГОТОВ К ВОПЛОЩЕНИЮ
## ДЕТАЛЬНО ХРАНИМЫЙ В ПАМЯТИ

О самом процессе проб, репетиций и сценическом воплощении «Долли» написано на удивление мало. Сохранились сотни описаний куда менее важных постановок со схемами мизансцен, режиссёрскими партитурами, записями хореографии, света, смены декораций и т.п. Что касается «Долли», ставшей поворотным пунктом в истории музыкального театра—большинство её рабочих документов, в том числе и юридически важных, никто каким-то образом не потрудился сохранить, даже в архивах Меррика. Впоследствии его мюзикл приходилось возобновлять, пользуясь лишь обрывками материалов, разбросанных по обе стороны Атлантики: оригиналы были бесследно утрачены.

Одним из объяснений такого феномена можно принять факт, что сам спектакль, много лет созревавший в сознании создателя, уже обрёл форму у него в голове и был практически — концептуально, во всяком случае, — полностью готов. Работа в репетиционном зале и на пробных сценических площадках, таким образом, являлась для продюсера анти-кульминацией, скорее техническим, нежели творческим процессом.

Но чтобы допустить это, надо решиться признать Дэвида Меррика главным создателем, т.н. *show runner*'ом «Долли» — и даже сегодня за это можно получить публичную оплеуху — оскорбление от какого-нибудь критика, одного из многочисленных врагов самой идеи бродвейского театра.

Стоит раскрыть любой академический справочник — или популярный *фактоид* типа Вики- или любой другой -педии, — и в глаза сразу бросятся имена звёзд-исполнителей, авторов музыки, хореографии, сценического оформления, текстов песен, операторов света и звука. И лишь где-то в конце, мелкими буквами и, как правило, в страдательном залоге будет упомянуто: «Представлено в таком-то году Дэвидом Мерриком» или «Дэвид Меррик был рад (или даже — горд!) представить Таких-то звёзд в новом мюзикле Таком-то».

## КТО ЖЕ ВСЁ-ТАКИ БЫЛ НАСТОЯЩИМ
### СОЗДАТЕЛЕМ БРОДВЕЙСКОГО ШОУ?

Давайте остановимся на минутку здесь и попробуем разобраться, в чём суть этой, в России давно упразднённой и накрепко забытой, профессии театрального импресарио — вернее, его американского эквивалента — бродвейского продюсера. Часто спрашивают, на что он, собственно, этот *спонсор*, вообще нужен. Действительно, кто он такой? Пресс-агент, *пиарщик*? мешок с деньгами? казначей? организатор международных туров? просто филантроп, наконец? Кто он — чьё имя на афише стоит перед словом *представляет* — особенно если личные средства он при этом не вкладывает? — а Меррик давно уже перестал финансировать проекты из собственного кармана.

Многие удивились бы, узнав, что бродвейский продюсер — это прежде всего идеальная *сваха*! Или, если угодно, сводня.

Он посредник, без которого не обходится вообще никакой бизнес, но особенно такой непростой, такой эфемерный, зыбкий, как создание музыкального представления. Талант продюсера — это мастерство сватовства — *гармонии*, совокупности основных элементов, необходимых для создания спектакля: либретто *(«книги»)*, исполнителей *(«талантов»)*, музыки и хореографии, способа финансирования и ещё десятка важных факторов, от которых зависит судьба будущего шоу.

Для этого, разумеется, продюсеру следует прежде всего точно знать, что он хочет, какое *именно* зрелище он хочет создать: это знание и есть тот самый главный, первичный образ спектакля, его замысел! Среди продюсеров, коих можно пересчитать по пальцам — то есть настоящих, а не купивших себе это звание любителей, существует железное правило: если ты не в состоянии изложить на одной трети страницы, в двух абзацах, о чём и для чего ты хочешь делать спектакль — значит ты сам к его созданию ещё не готов — и даже в лучшем случае, то есть в случае неожиданной шальной удачи, всё равно останешься в убытке!

Ибо замысел и образ спектакля всё равно придётся искать — но уже в процессе репетиций, мучительно сложным путём — путём, полным излишних финансовых затрат, робких проб и болезненных ошибок, которые раздувают выходящий из-под контроля бюджет. И это ещё — если повезёт, если волею судьбы публика вдруг станет покупать билеты — лишь тогда вместо позорного провала и угрозы банкротства продюсер получит шанс попытать счастья ещё разок-другой, оставив своим финансовым партнёрам-инвеститорам списывать убытки.

Вот почему самым важным и интересным этапом работы над «Долли» для Дэвида явился поиск подходящих творческих людей, или «талантов», как немного наивно и претенциозно принято их именовать в шоу-бизнесе.

Приходящий на ум дилетантский принцип «Больше талантов, хороших и разных!» или даже просто «Два плюс два — четыре» здесь не работает: любой продюсер знает, что самовлюблённые «таланты» имеют склонность взаимно пожирать друг друга, мешать друг другу на сцене, и что театральное соперничество может привести к провалу даже самую блестящую, самую успешную пьесу.


## ПРИВЫЧНАЯ ЦЕПЬ
### НЕПРЕДВИДЕННЫХ УДАРОВ

Прежде всего вспомним, что даже самого названия «Хэлло, Долли!» ещё не существовало. Будущий мюзикл имел рабочее название «Долли, эта неугомонная баба», и над его сюжетом трудился Майкл Стюарт, в прошлом уже принёсший Меррику успех своей работой в «Карнавале». Это был пока что единственный закреплённый контрактом профессионал у Дэвида, хотя обычно либреттист должен работать уже вместе с композитором.

Но самое главное, Этель Мерман, звезда, для которой был задуман и годами создавался весь проект, неожиданно отказалась играть Долли!

Кассовые успехи двух предыдущих шоу Дэвида сейчас рикошетом ударили по его планам. Кто бы мог знать...

После успеха мюзикла «Джипси» Мерман получила, наконец, признание, деньги, славу, — и она не спешила с выбором новой пьесы. Актриса приближалась к пятидесяти;

по её словам, взять новую роль было для неё «всё равно что приподнять вуаль».

Угрозы и крики в общении с дивами были бесполезны, это Дэвид усвоил уже давно.

— До сих пор, Меррик, я бывала автором каждого своего образа, — сказала звезда. (Дэвид достаточно владел собой, чтобы удержаться при этом от саркастической ухмылки.) — Вот и сейчас — я не желаю оказаться музыкальной тенью чужой роли, прославившей когда-то Рут Гордон в «Свахе».

Ох, это актёрское самолюбие!.. Дальнейший разговор был пустой тратой времени. Дэвид остался без блестящей клоунессы, без своей *comedienne*, отправной точки замысла. Надо было начинать всё с нуля.

Для обычного продюсера такой удар означал бы отложенный на неопределённый срок проект, — но не для Дэвида. Подобно падающим костяшкам домино, планы его начинали рушиться ещё раньше, но он упрямо рвался вперёд, к началу репетиционного периода.

Ещё в стадии переговоров он лишился композитора: Боб Меррил наотрез отказался иметь дело с режиссёром Гауэром Чампионом. Несмотря на огромный успех их работы вместе над «Карнавалом!», композитор не простил режиссёру скандалы на репетициях, доходившие почти до драки.

Меррик-продюсер считал это нормальным творческим процессом; в конце концов, кассовый успех обычно примирял врагов и оправдывал все трения.

Да и режиссёра при всех его диктаторских замашках Дэвиду всё равно заменить было некем. Угрозы же и топанье ногами на композитора не подействовали. Максимум, на что согласился Боб Меррил, — это изредка консультировать прогоны на публике в обмен на *ройялтиз*, один процент с будущих сборов. Шкура неубитого медведя.

Продюсер отправился искать другого автора музыки, а прежний, увенчанный лаврами композитор, — писать музыкальные номера для его более вежливых конкурентов.

# ПРОТИВ СОБСТВЕННЫХ ПРИНЦИПОВ

В поисках артистов Дэвиду-бизнесмену пришлось пойти против многих своих правил. «Долли» была его детищем, мечтой, и на этот раз он решился изменить своему принципу иметь дело только с самыми признанными, сверхуспешными талантами.

Музыку Джерри Хермана Дэвид услышал совершенно случайно. Тема «Молока и мёда», комедии о вечной еврейской тоске по земле обетованной, была бесконечно далека от целей Дэвида; он заглянул в театр только на минутку, чтобы сфотографироваться с тамошней главной героиней. Музыка Хермана привлекла его внимание, он остался в зале до конца первого акта, потом досидел и до финального номера — а когда занавес опустился, пригласил композитора пересечь 44-ю улицу и подняться на пару минут к нему в офис.

Херман до того ни разу не видел Меррика, и его поразили густые чёрные брови Могула и режущий глаза яркокрасный цвет стен его офиса.

— Мне понравилось то, что я слышал, — сразу перешёл к делу Дэвид, — но это — австро-еврейская оперетта, совсем не то, что я сейчас ищу.

— Но именно этого требовал материал, мистер Меррик, — робко возразил композитор, — для того ведь меня и наняли.

— Вот синопсис, полистайте его. Я ищу человека, способного написать стопроцентную *Американу*, — заявил Меррик, — а не очередную *«А идише маме»*.

Композитор пробежал несколько страниц и улыбнулся.

— Но ведь девять десятых такой *Американы*, сэр, были написаны сыновьями этой самой *идише маме*.

Могул нахмурил тараканьи брови: возразить было нечего, но он не любил, когда с ним спорили молодые малознакомые люди. Был вечер пятницы; условились, что в понедельник утром Херман принесёт Меррику четыре музыкальных номера на темы «Долли» и тем докажет, что *стопроцентная Американа* — это именно его область творчества, его *чашка чая*. Не теряя времени, композитор помчался к себе на пятый этаж без лифта в Гринвич-Виллидж. А Дэвид, тёртый калач, пошёл спать, уверенный, что мошенник наверняка притащит ему старые невостребованные запасы из своего *сундука* — и уж тогда-то он с чистой совестью покажет ему на дверь.

Но в понедельник оказалось, что все четыре номера ложатся в тему, как в обойму патроны. Это было точное попадание: три из четырёх написанных тогда за ночь номеров впоследствии вошли в окончательный вариант спектакля! Меррик закрыл крышку рояля:

— Что ж, малыш, шоу — твоё, забирай. И раз уж ты такой шустрый, займись-ка вступительным номером и финалом: полдела от этого зависит, — и уже вслед крикнул уходящему Херману: — И не вздумай ждать от меня комплиментов или прибавки гонорара — мы теперь одной верёвочкой связаны!

Окрылённый удачей композитор начал по дороге домой насвистывать какую-то мелодию, первую пришедшую в голову, — она бодро ложилась на шаги и показалась ему даже почти знакомой. Придя к себе, Херман на всякий случай записал её на свободном клочке нотной бумаги и назвал «Call on Dolly!» («Зовите Долли!»)

# УДАР, ЕЩЁ УДАР...

Через десять дней Дэвида ожидал ещё один удар. Гауэр Чампион, тот самый, из-за кого пришлось искать нового композитора, объявил, что будет занят на другой постановке, и предложил отложить репетиции «Долли» ещё на полгода.

— Что ж, подождём, — легко согласился Меррик с беззаботной улыбкой.

А сам сломя голову, в панике бросился искать замену режиссёру. Теперь на руках у него было ещё не законченное (но уже полностью оплаченное!) либретто; готова музыка, автор которой не был его первоначальным выбором, — и не было основного: ни режиссёра, ни хореографа, ни исполнительницы главной роли.

Захватив с собой Хермана с его партитурой, Меррик явился на переговоры к Хэролду (Хэлу) Принсу, тогда ещё не старому, но уже обладавшему многолетним опытом самому успешному бродвейскому режиссёру. Прослушав музыку, Хэл Принс решил, что это, пожалуй, не его *чашка чая*, но, чтобы как-то смягчить отказ, на прощанье вздумал дать создателям пару бесплатных советов.

Вашему автору посчастливилось взять интервью у легендарного старца ровно за месяц до его кончины 31 июля в 2019-м. В одной из бесед девяностолетний Принс со смехом вспоминал, что прежде всего он посоветовал авторам избавиться от «этой глупой *примитивной* песенки в начале и в конце спектакля» — это и был музыкальный номер «Привет, Долли!»

Ещё смешнее было то, что и Херман, и Меррик с благодарностью приняли его рекомендацию. Оба тоже считали тогда, что эту мелодию, на ходу насвистанную счастливым композитором по дороге домой, недурно было бы заменить чем-то более солидным, пышным, более основательным...

(Поразительно, но похожая судьба выпала на долю известной песни Дороти «По ту сторону радуги» из «Волшебника Изумрудного города» — руководство студии требовало убрать её из фильма; то же самое — и на долю песенки Одри Хепберн «Лунная река» из «Завтрака у Тиффани», спасённую от ножниц монтажёра только благодаря яростным протестам актрисы. И даже знаменитый номер «Жизнь — это кабаре!» прокатчики фильма пытались забраковать, оттого что Лайза Минелли произносила там само слово неправильно: *КабО-Оре*, выпевала она, напирая на «о» во втором слоге...)

К счастью, планы Гауэра Чампиона вскоре изменились, он оказался свободен, с ним был немедленно заключён договор, и теперь уже вся троица занялась поисками главной исполнительницы.

Чтоб читателю не наскучить, не стоит приводить длинный список примадонн, к которым обращались авторы. Можно лишь уверить, что ни одно из мировых имён музыкального театра не было упущено Мерриком. Тем не менее, невзирая на его репутацию и недавний успех пьесы «Сваха», все примы на его предложения отвечали отказом.

Наиболее интеллигентной и доброжелательной актрисе показалось, что всё шоу состоит лишь из одного музыкального номера, максимум на пятнадцать минут действия, коим, собственно, и исчерпывается сюжет будущего зрелища. Остальные музыкальные номера и их персонажи — это лишь куклы, механические двигатели этого примитивного сюжета.

Звезду звали Бетт Дэвис. И на первый взгляд она была полностью права — а у Дэвида не хватало ни эрудиции, ни знания примеров античного театра, чтобы объяснить актрисе, что в том-то и заключалась оригинальность и новизна его замысла: поместить женщину-кукловода, вполне современную, реалистичную *Master of Ceremonies*, «ЭмСи», своего рода конферансье, и поручить ей управлять всем бесконечным хороводом, этим парадом условных образов-масок. И быть таким образом посредником между сегодняшним нью-йоркским зрителем и обитателями тихого предместья Йонкерс конца девятнадцатого века.

(Внимание, читатель, *забегаем вперёд: spoiler!*) Следует отметить, что не прошло и года, как все упомянутые выше дивы уже жестоко сожалели и соперничали за право сыграть главную роль в этом новом мюзикле.

# СЧАСТЛИВЫЙ СЛУЧАЙ
## НАХОДКА И РОЖДЕНИЕ ГЛАВНОЙ РОЛИ

Как бы ни расходились мнения режиссёра и продюсера в поисках главной героини, последнее, что обоим могло бы прийти на ум, — это обратиться к актрисе по имени Кэрол Чаннинг. Чампион вообще не хотел о ней слышать — ему донесли, что актриса, которую он когда-то *открыл и сделал имя*, заявила, что ей больше нравится хореография заклятого его конкурента Боба Фоссе.

Меррик, в свою очередь, тоже не мог простить Чаннинг ранний успех: она попала уже после второй своей премьеры на обложку журнала «Тайм» — куда Дэвид много лет безуспешно пытался пробиться. Это второе шоу называлось «Джентльмены предпочитают блондинок», и его долгие международные туры обеспечили ей мировую известность и годы безбедного существования.

Успех Чаннинг, впрочем, имел и теневую сторону; ей всегда пели хором немыслимые дифирамбы критики, но спектакли, в которых она участвовала, быстро сходили со сцены и тем портили ей репутацию вот уже много лет.

Однажды агентесса актрисы чуть ли не насильно затащила Меррика на «Миллионершу» по Джорджу Бернарду Шоу; исполнение заглавной роли Дэвиду понравилось — во всяком случае настолько, что он решил пригласить Чаннинг на чашку кофе к себе в офис.

— В чём дело, Кэрри? — начал Меррик в обычной своей наглловато бесцеремонной манере. — Опыт твой и способности только крепнут с годами, а спектакли — проваливаются. Что, силёнок не хватает вытянуть на себе целое шоу?

— Ничуть, — не моргнув, парировала актриса, — просто приходится иметь дело с изнеженной молодёжью: на репетиции любое замечание они боятся сделать прямо, чтобы не обидеть, не задеть чьё-нибудь самолюбие. А я — перфекционист, моим спектаклям не хватает равного мне требовательного партнёра: деспота, даже тирана уровня, скажем, Гауэра Чампиона.

— Гауэр у нас есть, но он не хочет тебя, — не отказал себе в удовольствии сообщить Меррик.

— О, тогда скажи ему, чтоб он засунул своё мелкое, недостойное его таланта самолюбие к себе в бисексуальную задницу и дал мне шанс попробоваться на роль!

С годами у актрисы, как оказалось, окреп не только опыт, но и способности давать отпор закулисному хамству. Сердце Меррика начало таять — если только допустить, что у него вообще был этот орган.

— Хорошо, я попробую, — пообещал он. — Но только чтоб ты знала: мне тоже оскомину набили твои улыбки на снимках, этот огромный лягушечий рот от уха до уха с тридцатью двумя сверкающими зубами! Наше шоу — не реклама дантистов, оно совсем не об этом.

— О, не волнуйся, это всего лишь для глянцевых обложек и первых страниц журналов. Когда настанет и твоя очередь туда попасть, ты тоже засверкаешь зубами из-под усов. И держу пари, перед съёмкой не забудешь подправить свои тараканьи брови.

— Туше́, — только и смог сказать Меррик.

В пятом часу утра из номера мисс Чаннинг в гостинице «Карлайл» выползли, едва волоча ноги от усталости, два прилично одетых джентльмена. Чтобы послать им вслед воздушный поцелуй, выглянула, запахивая халат, и хозяйка номера. Её пошатывало, огромные зелёные глаза её были обрамлены ещё большими зловещими чёрными кругами. В коридоре ночной страж-*секьюрити*, лифтёр и горничная понимающе переглянулись.

Но разговор, что услыхал в лифте видавший виды мальчишка-лифтёр, был для него непонятным.

— Ну и баба, Дэвид, а? Нашла самую суть: утверждение жизни! Долли у нас в кармане — и можно теперь идти спать... И ведь умна, дрянь, как змея, — кто бы мог подумать... — сказал в лифте один из гостей.

— А выложилась как — и на первой же читке! — воскликнул другой. — В полуобмороке, верно, сейчас, но четыре часа репетиции — и вуаля, роль готова, нате вам! Что значит изголодаться по настоящей работе...

Перед выходом из гостиницы оба на секунду задержались в вестибюле у внутреннего телефона.

— Вы ещё держитесь, Кэрол, не свалились? — спросил Гауэр Чампион. — Ах, в ванной уже? Прошу извинить. Роль ваша. Доброй ночи.

Среди профессионалов не принято определять свой род занятий громкими рассчитанными на толпу названиями. Никому, например, в голову не придёт сказать о себе: я, знаете ли, — кинозвезда. Это звучит ещё нелепее, чем заявить о себе в России: здрасьте, я — олигарх! Или в США — я американец. Режиссёр на Бродвее не режиссирует пьесу, а только *ставит (stages) её*. На вопрос о профессии продюсер скорее всего скажет, что он лишь *собирает* спектакль (*puts the show together*).

С утверждением исполнительницы на главную роль шоу «Хэлло, Долли!» было собрано продюсером *воедино*; дальнейшая работа зависела от режиссёра, и Меррик-автор, завершив свою творческую функцию, вернулся к привычной для себя роли Меррика-бизнесмена.

# МЫ ЭТО УЖЕ ПРОХОДИЛИ
## ОБЫЧНАЯ ИСТЕРИЯ ПРОГОНОВ

Разумеется, это не означало, что отныне всё пойдёт гладко и спектакль помчится по накатанной дорожке прямо к премьере на Бродвее.

Когда после громкого провала своей любимой брехтовской «Карьеры Артуро Уи» Меррик, мрачнее тучи, прилетел из Нью-Йорка на прогоны «Долли» в Детройт, ему это настроения не исправило. Шоу находилось в плачевном состоянии. Местная публика аплодировала жидко, на поклон актёры выходили хорошо если раза два, а пресса выражала сомнение, что спектакль вообще дотянет до премьеры в Нью-Йорке. Одна из рецензий так даже и называлась: «Прощай, Долли!»

Последовала обычная цепь скандалов, криков, угроз немедленно закрыть шоу, ответных угроз актёров откупить у продюсера права и послать его, наконец, к чёртовой матери, начались попытки делать замечания режиссёру — сквозь всё это уже проходили основные участники процесса и в прежних постановках Меррика — как в «Джипси», так и в «Карнавале».

— Если такое шоу и сможет стать *хитом*, это будет по совершенно ложной, глупой причине, — орал Меррик, топая ногами, — оно сойдёт в Лету, и никто не вспомнит о нём уже через полгода!

На столе у меня лежит оригинал записки, отосланной тогда же своим помощникам Гауэром Чампионом: «Когда мистер Усатый соизволит убраться вон со сцены, прошу сообщить об этом моей ассистентке и жене Мардж, и тогда я вернусь туда, чтобы продолжить работу».

Мистер Усатый восвояси не убрался, но дал письменное обязательство больше не показываться в зале во время репетиций. Вместо этого он отправил телеграмму в Нью-Йорк консультанту Мериллу: «Прилетай ночным рейсом уикэнд спасать свой процент шоу не получается (именно так — *НЕ* получается) меррик».

А заодно на всякий случай Дэвид *забил* ещё помощь двух популярных бродвейских авторов песен.

## КРАЙНЯЯ МЕРА
### ПРЕДВАРИТЕЛЬНОЙ РЕКЛАМЫ

И наконец, в качестве крайней меры, он позвонил старому приятелю менеджеру Джо Глейзеру и в порядке дружеской услуги попросил того записать со своим клиентом на гибкую пластинку вступительный номер «Долли» — единственный, по мнению Меррика, элемент спектакля, что тогда полностью был готов к премьере.

Этот давно уже не практикующийся способ рекламы был в то время весьма популярен: наиболее заманчивый номер мюзикла записывался на одностороннюю гибкую пластинку-«*сорокопятку*» каким-нибудь популярным исполнителем, и её копии рассылались во все агентства предварительных продаж как сувенир и образец-приманка для зрителей и рецензентов.

Таким клиентом, популярным исполнителем с неповторимым голосом, был уже немолодой, но ещё пользовавшийся популярностью в провинциальной Америке и особенно за границей, сам *Папа* — «Папс» Луи Армстронг.

Взглянув на ноты, Папа, живой классик, слегка удивился и пожал плечами, но спорить не стал: раз менеджер Глейзер просит это спеть, он знает, что делает.

В нью-йоркскую тон-студию «Брилл» был срочно вызван композитор Херман для аранжировки — и ему тоже показалась странной идея пригласить ветерана джаза записать эту нехитрую припевку в стиле девятнадцатого века, его *valentine*, нечто вроде цыганского приветствия: «К нам приехал, к нам приехал...»

Впрочем, каждый из участников звукозаписи, не тратя времени на рассуждения, занял своё место; подготовили аппаратуру, и через час дело было сделано: Папа, слегка переврав текст, записал «Хелло, Долли!», сходил в уборную выкурить ещё закрутку марихуаны, до которой был большой охотник, — и позабыл обо всём мероприятии: последний раз он записывался более двух лет назад.

Единственное, что отличало эту запись от многих других, — это то, что предприимчивый агент Глейзер решил оттиснуть на обратной стороне одну из старых мелодий Папы Армстронга и пустить пластинку в двустороннем формате в широкую продажу: чего ж добру зря пропадать, авось пару долларов сделает...

## ТРЕБУЕТСЯ ПАРАД-АЛЛЕ
### ЕЩЁ ОДНА БЕССОННАЯ НОЧЬ КОМПОЗИТОРА

В Детройте тоже не теряли времени зря. Прибытие «*шоу-доктора*» Мерилла поначалу казалось неприятным сюрпризом для всей творческой группы, так как продюсер по своей привычке утаил от всех его приезд, а самому доктору солгал, что все только и жаждут, что его прибытия в ожидании помощи. Напряжение в труппе, однако, быстро ослабло, стоило доктору лишь взглянуть свежим глазом на само действие и, главное, на реакцию зала.

По мнению Мерилла, шоу было гораздо ближе к завершению, чем казалось удручённому продюсеру и его приунывшим актёрам; всё дело было лишь в перекомпоновке структуры спектакля: мягкими, чересчур изящными номерами заканчивался первый акт и так же нежно и протяжно начинался второй. Им надо было найти другое место. Не хватало короткого, но яркого апофеоза в финале первого действия, этакого грубого, режущего глаза красками, а уши — звуками, шествия, общего *парада-алле*!

Напуганный опасностью конкуренции коллеги-доктора, Херман, вернувшись из Нью-Йорка, сразу помчался к себе в отель работать финал и в три ночи разбудил Кэрол Чаннинг, чтобы проиграть ей номер «Прежде, чем пройдёт парад!». Та была в восторге, и ещё через три часа несколько человек во главе с режиссёром уже слушали новый финал, с удовольствием притопывая шлёпанцами и отстукивая на спинках стульев ритм. Все были в халатах и пижамах — кроме, разумеется, Меррика, уже одетого в свою формальную «тройку» с серым жилетом — ибо в сутки этот монстр никогда не спал более четырёх часов!

Не дожидаясь финала номера, Гауэр обернулся к Меррику:

— Здо́рово, Дэвид, но ты отдаёшь себе отчёт, что на это потребуются новые декорации и ещё одна смена костюмов на весь состав?

— Ладно, валяйте, — ответил продюсер. — А мне ещё до обеда надо быть в Нью-Йорке. Увидимся на неделе.

И ушёл.

— Даже не спросил, чудовище, во что это обойдётся, — вслед ему злобно воскликнул режиссёр. — А секретарше моей так пятёрку в день всё не соберётся прибавить, скупец, одни обещания...

Закрывшаяся было за Мерриком дверь внезапно снова отворилась, и в просвет просунулась его голова.

— Секретарша эта, Гауэр, она помимо всего ещё и твоя жена Мардж! — напомнил продюсер. — От финала зависит всё — будет успех, все заработаем, у всех интерес. А просвисти я весь бюджет на канцелярскую помощь — тут и конец шоу-бизнесу. А нет бизнеса — нет и шоу, подумай об этом, старина! Привет!

Когда за Дэвидом снова закрылась дверь, в наступившей тишине Гауэр громко и, как многим показалось, с восхищением рассмеялся.

— *Intractable!* — только и смог сказать он. — Другой бы занял: денег нет, ставьте номер *на холстах*, перед занавесом, а этот... Ничто его не берёт, Усатого. Неисправимый!

И слова режиссёра подсказали мне название этой книги.


# РОЖДЕНИЕ «ХИТА»
## БЛАГОПОЛУЧНОЕ ЗАВЕРШЕНИЕ РОДОВ

Через десять дней весь состав переехал в Вашингтон, и там в своей новой *перекомпонованной* версии «Хелло, Долли!» *прошла* под овации восторженных зрителей и хвалебные отзывы прессы. Местные критики предупредили нью-йоркскую публику, что ей готовится сюрприз: новый гигантский *хит*.


А ещё через неделю, после премьеры на Бродвее в театре «Сент-Джеймс» 16 января 1964 года, стало ясно, что действительность превзошла самые фантастические обещания провинциальной критики. После первых осторожных отзывов последовали дни усиливающегося экстаза, почти истерии — зрителей, газетных ревю, телерепортажей, радиопередач. Экстаз нарастал подобно снежному кому, катящемуся по склону горы. Рецензенты принялись восхвалять костюмы, свет, музыку, хореографию, кордебалет; пели дифирамбы Кэрол Чаннинг и остальным исполнителям. Даже самые едкие обозреватели ухитрялись теперь с сахариновыми улыбками находить слова одобрения и признания заслуг и для Меррика тоже.

А он только ухмылялся в усы. Дэвид знал, что успех, как фонарь — ночных бабочек, привлекает десятки, сотни, тысячи друзей, и он-то знал цену этим новым друзьям и их признанию. Важнее было другое. Он чувствовал: период медленного, мучительного рождения нового зрелища закончился благополучно. И его трудная карьера, казалось, побежит теперь вперёд в ногу с мировым временем. Но почему-то ему было грустновато от этого…

## ЗРЕЛИЩЕ ОБГОНЯЕТ ВРЕМЯ
### ПОПАДАНИЕ «В СТО»

Меррик не удивился и не обрадовался, когда раздался звонок из Белого дома…

За событиями на земле между тем уже просто было не угнаться даже самой молниеносной карьере.

Пока «Долли» проходила свой путь от замысла к воплощению, в стране успел появиться новый, молодой и фотогеничный президент; он стал символом и надеждой юного поколения, пообещал ему первыми слетать на Луну, успел наделать ошибок дома и в мировой политике, поставил мир на грань ядерного конфликта — и, к ужасу нации, средь бела дня был застрелен на глазах приветствовавшей его толпы.

И всё это произошло менее чем за три года!

Надежду на обновление мира сменили глубокое разочарование и тоска.

В атмосфере шока, подавленности и растерянности после убийства Джона Ф. Кеннеди шоу «Хелло, Долли!» оказалось именно тем средством, в котором отчаянно нуждалась больная нация.

Захандрившая публика восприняла это разноцветное шумное представление как напоминание о твёрдости жизнеутверждающего оптимистического начала, столь свойственного молодой Америке. На фоне провалов мрачноватых, *социально значимых* европейских пьес новый мюзикл сверкал на Бродвее своей юной, белозубой, наивно приветливой американской улыбкой, затмевая все остальные зрелища!

## ПОЛИТИКУ МОЖНО ИСПОЛЬЗОВАТЬ
### И ДОЛЖНО — ЕСЛИ НАПРАШИВАЕТСЯ САМА

**...В**ездесущий ассистент Делинн знал всех телефонисток Белого дома по имени; ему не понадобилось и десяти минут, чтобы выяснить, что звонили из предвыборного штаба президента с просьбой использовать для его кампании музыкальную тему «Хелло, Долли!». Меррик тут же пообещал эксклюзивный *релиз* (согласие на использование темы) в обмен на личный звонок действующего президента.

— Кла-ассная ме-лодья, мист'а Меррик, — пролаял с техасскими переливами в трубку Джонсон, — бла-аг'дарствуем.

— О, не стоит и упоминания, сэр, — отвечал Дэвид с британским акцентом, которому его научил один гей — помощник официанта в баре «Сарди'з». — Я пришлю звезду в ваши края напеть на пластинку нужный текст. А после — мы пожертвуем в фонд вашей кампании её тираж. Десяти тысяч копий хватит?

— Вау! — рыкнул президент, не привыкший к бескорыстным любезностям, — я б'ду ваш д'лжник!

— О, прошу вас! — с самой светской улыбкой устыдил его Дэвид. И, закончив разговор, он обернулся к технику, записывавшему беседу, и перешёл на свой сент-луисский хамоватый говорок: — Катс-ство как, м'лыш, о'кей? Найду хоть один изъян — уволю к чёртовой матери, понял?

Вплоть до самых выборов на каждом своём сборище демократы распевали «Хэлло, Линдон!» тысячеголосым хором, вторя сияющей с экранов Кэрол Чаннинг; композитор сам аккомпанировал ей, а телевидение тиражировало эти концерты в эфире для миллионов своих зрителей — избирателей.

Позвонили из штаба республиканцев поинтересоваться, нельзя ли и им тоже положить на популярную мелодию имя Барри Голдуотера, конкурента Джонсона, и записать «Хелло, Барри!»

— Не вздумайте, — последовал жёсткий ответ. — Засужу — не расплатитесь!

Меррик-бизнесмен следовал своему обычному правилу верить не в претендентов, а только в признанных фаворитов и в данный момент он ставил на демократов.


Джонсон победил. И на углу Сорок четвёртой улицы и Восьмой авеню выставили гигантский рекламный щит: «Мистер Меррик, Долли — классная мелодия! (Президент Джонсон)».

# ТОЛКОТНЯ В ОЧЕРЕДИ
## ЗА ЖЕЛАННОЙ РОЛЬЮ

Снежный ком, однако, ещё только разгонялся. Теперь все прежде забраковавшие Долли звёзды, терпеливо ожидали шанса её сыграть. Все позиции были забиты, контракты подписаны: Этель Мерман, для которой когда-то специально писалась эта роль, была поставлена в очередь на целый год!

Её давняя соперница Мэри Мартин, тоже поначалу отказавшаяся наотрез, опомнилась прежде Мерман, первой схватила роль и уже успела в ней покорить сердца лондонских снобов на Вест-Энд.

Вечно ревниво следившие за театральными событиями в Англии русские не пожелали отстать от лондонцев. Стало вопросом престижа открыть гастроли Мэри Мартин в Москве и Ленинграде прежде, чем начнётся уже запланированный ею тур с «Долли» в Праге.

*Для этого необходимо было срочно продлить соглашение «О Культурном Обмене между США и СССР», чем во всю и занялись дипломаты.*

А пока что исполнению Мартин аплодировала не менее восторженная токийская публика.

# НЕОЖИДАННЫЙ ЭФФЕКТ УСПЕХА ДОЛЛИ
## ВТОРОЕ ПРИШЕСТВИЕ КЛАССИКА

Месяца за три до того произошёл ещё один случай, которому поначалу никто не придал значения. Во время выступлений в глубинке, где-то в Айове, Армстронгу из зала начали кричать: «Эй, Папа, давай „Хэлло, Долли“!» Он поначалу не обращал на это внимания, но крики повторялись на каждом концерте, и в конце концов он спросил своего басиста Арвелла Шоу:

— Что там за хэлло-долли такое?

— Ну как же, Папс, мы записали эту песенку в студии «Брилл» в Нью-Йорке.

— Правда? — удивился Армстронг, редко слушавший радио. — Хоть убей, не припомню. И что же, есть и ноты её?

Позвонили в Нью-Йорк спросить, нет ли нот. Выяснилось, что они вышли уже тиражом в триста тысяч копий и продавались по 75 центов за буклет.

На следующем концерте в конце первого отделения Папа, прямо *с листа*, запел «Долли» — и весь зал встал и начал ему подпевать. В перерыве к сцене потянулись зрители за автографом; у всех были конверты «сорокопяток», пластинок с «Хэлло, Долли!». Поклонники протягивали на подпись Папе конверты с портретом исполнителя; сомнений быть не могло — на обложке было его собственное лицо!

В Небраске история повторилась: казалось, там тоже у каждого зрителя была уже дома пластинка! Папа решил впервые прослушать запись и обнаружил, что он случайно вставил там в текст своё имя. С тех пор он решил так и продолжать петь, произнося при этом своё имя по-южному: Луис, с *С* на конце; в публике сходили с ума.


В начале мая 1964 года «Хэлло, Долли!» Армстронга заняла первое место в списке главных хитов, потеснив там впервые за три месяца прежних фаворитов, «Битлз», с их *Can't Buy Me Love*. Продажи пластинки перевалили за миллион. Уважаемому, но уже слегка *отдающему нафталином* идолу джаза было почти шестьдесят три года, за спиной была полувековая карьера; юные соперники вполне годились ему во внуки. Ничего похожего гигантская граммофонная индустрия США не знала — ни до того, ни после.

И это ещё был далеко не конец сюрпризов, ожидавших её...

# ЭФФЕКТ БОМБЫ
## РАЗОРВАВШЕЙСЯ В ТОКИО

Для подготовки сценических площадок Меррик вылетел в Москву из Сиэтла через Токио. Там в ожидании московского тура всё ещё работала Мэри Мартин со своей труппой.

Самолёт едва приземлился, как Дэвида вызвали на срочный разговор с Нью-Йорком. Секретарша Никерсон только что получила телекс из Госдепартамента. Русские внезапно отложили тур «Хелло, Долли!» в знак символического осуждения эскалации военных действий США во Вьетнаме.

— Они что, тронулись там в Сайгоне! Какая ещё эскалация перед самыми гастролями? В чью башку пришла? Будем в Белый дом жаловаться! — заорал Меррик в трубку — и неожиданно со смехом оборвал самого себя.

Жаловаться — на Главнокомандующего? До него вдруг дошёл весь абсурд собственной истерики, багровый румянец сошёл, и лицо приняло нормальный цвет. Он явно перехватил. Выхода не было: полмиллиона вылетало в трубу — и это только из его кармана! А скандал с партнёрами, а банки? Нет, если уж не спастись от галопирующей истории, то надо хотя бы попытаться её оседлать.

— Хелен, срочно найдите Делинна, — придя в себя, попросил Дэвид. — Пусть свяжется со мной, я сижу здесь, в терминале Токио, не отхожу от телефона. Да, и распорядитесь там пока, пусть мои вещи выгрузят из самолёта».

*В начале 1965 года американский посол в Советском Союзе Фой Д. Колер срочно встречается с советским послом в Соединённых Штатах Анатолием Добрыниным, чтобы продлить Соглашение «О советско-американском культурном обмене». Переговоры быстро заходят в тупик, когда становится очевидным, что, откладывая тур «Хэлло, Долли!», советское руководство де-факто нарушает условия Соглашения.*

Сообщение Госдепартамента об отмене гастролей «Долли» пришло в Белый дом во время доклада о низком моральном состоянии частей во Вьетнаме.

Джонсон глотнул воды, извинился перед советником Ачесоном и запустил недопитым стаканом в стену, даже не дочитав до конца *мемо*. Видавший виды Дин Ачесон, бывший ГосСек Трумэна, впоследствии злорадно объяснял этот взрыв эмоций атмосферой разнузданности, любительщины и провинциализма, на его взгляд, царивших тогда в Белом доме.

Помощники бросились наперебой уверять *босса*, что отложенный тур — это чушь, мелкая поправка в расписании договора, не стоящая внимания президента, но босс не желал ничего слушать. Он воспринял это как личное оскорбление. «Долли» полюбилась ему, он смотрел её уже дважды и суеверно настаивал, что песенка оттуда принесла ему удачу на выборах!

И вообще — осточертели ему эти русские с их символическими протестами и осуждениями. Они капризничают! Как деревенские барышни на воскресных танцульках, они уверены, что весь мир только о том и мечтает, как бы их обесчестить. Вечно ко всему русские пристёгивают политику, а на вопрос, чтó бы их устроило, спрашивают: «А что вы можете предложить?» — боятся продешевить. Можно подумать, что даже в сортир ходят у них только *во имя мира и прогресса*, — бушевал Президент.

Джонсон надеялся, что новый советский лидер Брежнев, вступив в должность почти одновременно с ним, не станет использовать свои песни и пляски в целях политического давления — куда там!

В ответ Белый дом рекомендовал вообще не возобновлять Соглашение о Культурном Обмене (более известное как Договор Лэйси-Зарубина), срок которого истекал к концу 1964 года.

В хронике американо-советских отношений появляется новая глава: *Инцидент «Долли»*.

# ДАР С НЕБЕС
## ПРЕЗИДЕНТ И ПРОДЮСЕР МЕНЯЮТСЯ РОЛЯМИ

В такой атмосфере звонок от офиса Меррика администрация восприняла как неожиданный дар с небес.

Делинн передал по инстанциям предложение продюсера: вместо Советского Союза отправить его шоу прямо из Токио во Вьетнам для показа в частях американских вооружённых сил. Через час об этом уже знал президент. Организовать защищённую линию связи Токио — Белый дом заняло ещё десять минут.

— Кла-ассная идея, Меррик! — прорычал Джонсон. — Поглядим, чем сможем помочь.

Русские захотели пропагандной войны — что ж, они её получат, сполна!

Когда президенту Соединённых Штатов какая-нибудь идея кажется *классной*, он может помочь многим. Департамент Обороны предоставил труппе мюзикла четыре «Геркулеса» С-130. В гигантские самолёты уместили всех исполнителей, технический состав, оборудование, декорации, костюмы — всё, кроме жёстких каркасов декораций. Колонну грузовиков с открытыми кузовами, охрану и вертолёты для туров на местах согласилось, слегка поворчав, дать местное командование. Дополнительная ответственность означала для него лишнюю головную боль.

Джонсон лично позаботился, чтобы для его любимого музыкального номера актрисе обеспечили большую и достаточно удобную лестницу: по ней во время своей партии Долли, окружённая хористами, в сверкающем блёстками платье должна была царственно спускаться прямо к приветствующей её толпе поклонников. Для этого номера по особой просьбе босса к премьере освободили самолётный ангар на одной из военных баз. Президенту явно понравилось почувствовать себя чуть-чуть продюсером.

А продюсеру Меррику, захваченному событиями врасплох, спасая свои инвестиции, пришлось поневоле заниматься политикой: ладить с военными, объяснять банкам выгоду беспрецедентной рекламы, заручаться поддержкой местных лидеров. Только сейчас Дэвид начал понимать, насколько похожи друг на друга обе эти роли: вся разница состояла лишь в том, что Меррик-продюсер должен был прежде всего уметь делать деньги, а Меррик-политик — знать, как их поэффектнее истратить!

## НЕОБЪЯСНИМЫЙ ФЕНОМЕН
### ЗАВОЕВАНИЯ МИРА СВАХОЙ ИЗ ЙОНКЕРСА

Об успехе представлений «Долли» в Юго-Восточной Азии написаны тысячи воспоминаний, книг, исследований; снят так называемый *спешл* — полнометражный документальный фильм Эн-Би-Си «Кругосветный вояж „Долли“». Поначалу фильм назывался «Долли идёт на войну», но вскоре название благоразумно сменили.

Туры начались с двух недель во Вьетнаме, но ввиду небывалого приёма аудиторией, по личной просьбе президента, последовали ещё три недели — на военных базах Окинавы и Кореи.

Эти импровизированные гастроли сто́ят особой отдельной главой в американской истории. Глава эта, дабы не наскучить своей статистикой вам, читатель, опущена здесь, но достаточно упомнить, что после азиатских туров «Долли» окончательно завоевала планету.

Она пела на испанском, французском, иврите, тагалог; была поставлена и в *полностью чёрном* варианте; альбом с оригинальной записью спектакля в момент раскупался во всём мире; киноверсия «Долли» — широкоформатная, набитая до отказа знаменитостями, включала дуэт Барбры Страйзанд и самого Армстронга и вот уже третий год терпеливо дожидалась конца бродвейских представлений, чтобы получить, наконец, юридическое право выйти в прокат на экраны мира.

А «Долли» всё ещё держалась на Бродвее и не желала его оставлять: число показов перевалило за две тысячи, потом за две с половиной, и конца этому не было видно. И это — не считая ещё около восьмисот лондонских представлений.

И туров.

И бесчисленных региональных постановок!

За это время успели появиться и с налёта оккупировать Америку «Битлз», покорить её, опрокинуть все её представления о поп-культуре и — распасться навсегда, оставив после себя лишь эхо «Битломании»… а простодушная «Хэлло, Долли!» всё ещё набирала скорость — и никто не в силах был объяснить причину этого феномена!

*И вот тогда-то по просьбе Анатолия Добрынина с ним и встретился ещё раз посол Фой Д. Колер, чтобы попробовать возобновить Соглашение, в сердцах отменённое президентом Линдоном Джонсоном.*

Мягким отеческим тоном многоопытный ветеран Добрынин упрекнул американцев в неадекватной реакции на советский демарш. В конце концов, в ответ на отложенные гастроли вполне можно было тоже отодвинуть русский цирк с медведями или какой-нибудь балет... Но зачем же нервничать и разрывать добрые соглашения?

Однако теперь посол Колер получил инструкции поставить жёсткое условие: в новый текст будет вписан пункт, обязывающий стороны строго следовать взятым обязательствам и в случае внезапных изменений компенсировать все расходы пострадавшей стороне, и в твёрдой валюте!

# ГЕНИЙ РЕКЛАМЫ
## И ГЕНИЙ ПОЛИТИЧЕСКОЙ ПРОПАГАНДЫ

Упрямые, но далеко не наивные русские быстро поняли, что Линдон Джонсон, старая лиса, оказался куда хитрее своих советников. Вместо пренебрежительных насмешек Президент отдал должное советскому вызову и принял его. Как и его политические противники, он оценил огромный пропагандистский потенциал шоу-бизнеса, помогшего ему войти в Белый дом.

И когда Меррик, этот виртуоз рекламы, предложил ему в ответ на осуждение американского военного присутствия во Вьетнаме отправить отменённое Москвой шоу именно во Вьетнам, президент ухватился за эту идею обеими руками — и она сработала, да ещё как!

Бесшабашная, неунывающая и всегда доброжелательная Долли напоминала солдатам об их сёстрах, жёнах и бабушках, о приветливых соседях, о тыквенном пироге на сладкое, — о той сильно идеализированной Америке, во имя которой они, собственно, и были отправлены за океан рисковать жизнью.

Гений коммерческой рекламы, шоумен оказался гением политической пропаганды!

Настроение на военных базах было восстановлено.

Отряды посланных Красным Крестом во Вьетнам из Америки девушек, румяных, спортивных и целомудренных, называли теперь не иначе как *«Пончиковыми Долли»*: для поддержки боевого духа их миссией было встречать выходивших из боя солдат тележками с пончиками и горячим кофе.

Президент получил ещё года два, чтобы расхлёбывать вьетнамскую кашу, заваренную его предшественниками, и добиваться более или менее пристойного выхода из неудачной войны. Удалось ли это ему — не нам решать, это вопрос интерпретации историков. Несомненно одно: надвигавшийся тогда моральный кризис войск во Вьетнаме, грозивший гигантской военной катастрофой, был предотвращён.

* * *

На этом Дэвид Меррик закончил своё повествование. Ресторан закрывался, было уже далеко за полдень, солнце заливало улицы Верхней Ист-Сайд, и он болезненно щурился, прикрывая ладонью покрасневшие, запухшие веки. Мне пришлось одолжить ему мои солнечные очки, он остановил такси и так и уехал с ними, едва попрощавшись, пробурчав нечто неразборчивое, непохожее даже на стандартное, ни к чему не обязывающее *«Ещё увидимся»*...

Но в моей голове история Долли не желала завершаться, она отказывалась уходить во вчерашний день — пока я не решил непременно написать историю о ней и о её творце. И пусть Неисправимый никогда не авторизует мою книжку, пусть даже подаст на меня в суд — чёрт с ним, думал я, я опубликую её, чего бы это ни стоило.

Долли жила, продолжала существовать самостоятельно, независимо ни от воли её создателей, ни от давно отыгранного и сошедшего со сцены её образа.

# ДОПОЛНЕНИЕ И УТОЧНЕНИЕ
## ДАННЫХ АМЕРИКАНСКОЙ СТАТИСТИКИ

**З**акончить эту публикацию мне помогли охочие до математических выкладок русские блогеры, участники социальной сети *Фэйсбук.ру*. Они внесли поправки в скрупулёзную бухгалтерию американских аудиторов, касающуюся феномена Луи Армстронга.

*Одному миллиону двумстам семидесяти шести тысячам восьмистам восьмидесяти трём* продажам песенки «Долли» в исполнении Армстронга они противопоставили свои расчёты.

По оценке бывших граждан СССР, к 1965 году там уже находилось по меньшей мере десять миллионов личных катушечных магнитофонов. Каждый из них был способен неограниченно копировать в домашних условиях любую запись. Осторожно допустив, что один владелец мог снабдить этой записью по крайней мере ещё восемь человек, они пришли к очень консервативной цифре в восемьдесят миллионов советских слушателей «Хэлло, Долли» Армстронга!

И это похоже на правду: свидетели уверяют, что в одной лишь Москве летом 1965 года из каждого открытого окна лилась всем знакомая мелодия, звучала на каждой танцплощадке. Тот редкий случай, когда нью-йоркская, мировая и московская мода шли нога в ногу, секунда в секунду.

*Именно тогда, вероятно, не в силах сопротивляться давлению своих внуков, племянников и детей, и дрогнули*

*кремлёвские старцы, и в кабинете Главного Стража совет-*
*ской идеологии запищал красный телефон Главного Началь-*
*ника.*

Стало ясно, что с Соглашением об Обмене русские дали маху: железный занавес не выдержал конкуренции с театральным.

Сваха из Йонкерса прорвалась сквозь барьеры, протесты и прочие символические жесты позора агрессорам. Пора было отпускать гайки, пока их не сорвало массовой любовью к популярной мелодии.

По официальным оценкам, Тигра, поющего «Долли» в новогоднем «Голубом огоньке» 1966 года, прослушали почти сорок миллионов зрителей — это только в одном временном поясе. По неофициальным с поправками — все восемьдесят!

Число же театральных зрителей, посмотревших спектакль «Хелло, Долли!» полностью, — за все годы феноменального успеха в мире лишь едва превысило двенадцать миллионов...

## ДОЛЛИ ПРОЩАЕТСЯ
### И ЖЕЛАЕТ РАДОСТИ ЗРИТЕЛЯМ И ЧИТАТЕЛЯМ

И вот только теперь история феноменального шоу приближается к концу. Связь времён, начавшись ещё во времена Новой Аттической комедии, а то и раньше, кажется восстановленной. Триумфальный полёт нашего комического персонажа, Долли, над океанами и континентами — это результат влияния и взаимодействия талантов многих эпох и культур. От античной Греции и Рима, сквозь средние века к Возрождению и золотому веку британских *Елизаветинцев*; из девятнадцатого века легкомысленной Вены — в молодую жизнелюбивую Америку двадцатого; сквозь шок убийства братьев Кеннеди и кризис контркультуры шестидесятых — эту цепь завершает последнее звено: шестидесятитрёхлетний Папа Армстронг, украсивший нехитрую мелодию — тему этого персонажа — простыми, как молитва, радостными интонациями, присоединив свой неповторимый голос к хору вечного прославления жизни!

Вот на этом, дорогой читатель, моя Долли может с вами проститься. И пожелать вам также радости и веселья от бесценного дара быть частью этого мира, мира живых!

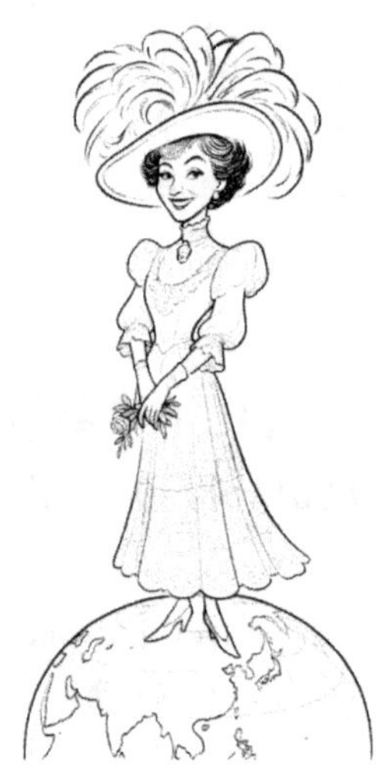

# ЭПИЛОГ ПЕРВЫЙ

После ночной исповеди в ресторане «Илэйн'з» Неисправимый Шоумен прожил ещё двадцать лет.

Как он и предвидел, ничего более значительного на Бродвее за последующие годы ему создать не удалось. Или во всяком случае ничего сравнимого с его прежними успехами — и Меррик прекрасно понимал это уже тогда, в день своей успешной премьеры и ночной ламентации по умершему другу.

Он занялся поддержкой чужих, не опробованных на публике экспериментов, открывал новые имена, объединил свои фонды для продвижения независимых театральных проектов. Многие знавшие его коллеги были убеждены, что это лишь очередной трюк, его способ укрытия доходов от налоговых обязательств: в ловкость рук Меррика им было поверить легче, чем в его благотворительность. Так или иначе, но именно благодаря Меррику появились на Бродвее новые авторы и пьесы.

За спиной у него было шесть официальных браков с пятью женщинами (с одной из них — дважды, с перерывом в шесть лет!). Две его дочери были от разных матерей; обе не могли похвастаться теплом отцовской заботы и внимания. Инсульт, случившийся в 1983 году, сильно затруднил речь Дэвида и приковал его к креслу-каталке на последующие семнадцать лет жизни...

Что не помешало ему, впрочем, однажды ночью удрать (вероятно, уехать?) из дома инвалидов и встретить, оказавшись *«на свободе»*, новую, *финальную* жену —

телефонистку своего адвоката. Родом из Шанхая, она была на сорок три года моложе Меррика, и по её настоянию Дэвид развёлся с прежней супругой, *третье-пятой* по счёту, дабы узаконить свой новый брак. Полная энергии Натали Ллойд, последняя жена, оказалась способным менеджером, и она помогла ему основать общественный «Фонд Дэвида Меррика и Натали Ллойд» в помощь начинающим продюсерам. Личная жизнь неугомонного шоумена может кому-то показаться не менее пёстрой, скандальной и яркой, чем его творческая биография — но это будет уже предметом совсем другой книги.

И вряд ли, читатель, у вашего автора найдутся силы её написать. Да, честно говоря, и желание — тоже. Отчего? Право оттого только, что человеческая жизнь *на театре* всегда казалась ему гораздо более честной, правдивой и прозрачной, чем в реальности.

# ЭПИЛОГ ВТОРОЙ

## И ПОСЛЕДНИЙ

Ранее в книжке этой уже упоминалось, что от других профессий люди театра резко отличаются своими многочисленными суевериями. В каком бы краю они ни работали, вместо успеха, чтоб не сглазить, актёры непременно пожелают коллеге ни пуха, ни пера — или в англосаксонском варианте: а чтоб тебе ногу сломать! Отвечать следует немедленно: «Да пошли вы все к чёрту!» — не то мрачное пожелание, не приведи Господь, сбудется.

Многие старые артисты верят, что Там, Наверху, непрерывно происходит распределение ролей, открытое прослушивание — так называемый *open call*. Окружённый ассистентами, Самый Главный Режиссёр решает, куда направлять и на какую роль назначать постоянно прибывающих к нему новых претендентов.

И в зависимости от прожитой ими жизни актёры — очень трудный и не всегда приятный народ — отправляются либо *Наверх*, в Театр, где для изысканной публики с тонким чувством юмора постоянно представляется Божественная Комедия, полная лёгких воздушных декораций, звёзд, и тихой музыки;

либо — *Во второй состав*, дублёрами, на долгие изматывающие репетиции в грязном нетопленом помещении, в надежде когда-нибудь перейти в первый состав и завоевать сцену;

либо, наконец, *Вниз*: в смрадное варьете, в душный подвал, где истекающий потом комедиант будет перекрикивать пьяный рёв зрителей, где на сцену швыряют бумажные стаканчики и кубики льда, хозяин грозит увольнением, а беременные женщины вечно пробираются из первого ряда в уборную, наступая всем на ноги, — и всегда в кульминационный момент монолога «Быть или не быть!».

Когда Ангел-ассистент положил перед Самым Главным дело Меррика, Тот и глянуть не пожелал: давно уже доходили до Него слухи об этом тиране и наглеце, посмевшем упоминать Его имя всуе с целью дешёвой рекламы. Вон его, навечно Вниз, пьяной толпе на освистание!

Грешника уже брали под руки Ангелы-конвоиры, когда откуда-то сбоку появился его дядя Моррис, торговец шляпами и страстный театрал, — и подал Самому Главному петицию. Это был список полоумных артистов: тех, кому проложил дорогу к успеху и признанию Меррик, этот бездушный и циничный колбасник, заботившийся, по слухам, только о своей прибыли. Но вот только никто до него на Бродвее не поставил бы и пенни на рискованные эксперименты всех этих *сердитых молодых людей*, битников, никому не известных нонконформистов. Вот он — и это далеко, далеко не полный их список:

Вуди Аллен («Не пейте воды!»)
Джордж Осборн («Оглянись во гневе»)
Тони Ричардсон («Оглянись во гневе»)
Питер Устинов («Романов и Джульетта»)
Шелах Деланэ («Вкус мёда»)
Жан Ануй («Беккет»)
Джанкарло Менотти («Мария Головина»)
Том Стоппард («Розенкранц и Гильденстерн мертвы»)
Петер Вайс («Марат/Сад»)

И, конечно же, его друг молодости, некто по имени Томас Ланиер Вильямс 3-й, позднее сменивший имя на Теннесси!

И поскольку Оттуда ещё никто не возвращался, мы никогда не узнаем, каково было решение Самого Главного Режиссёра.

Я предоставляю вам, дорогой читатель, судить, обрёк ли Главный на вечные муки Меррика в зловонном ночном клубе под вывеской Преисподняя или напротив, отпустив ему грехи, Он включил в состав Божественной Комедии этого неугомонного, невыносимого, Неисправимого Шоумена.

*Занавес*

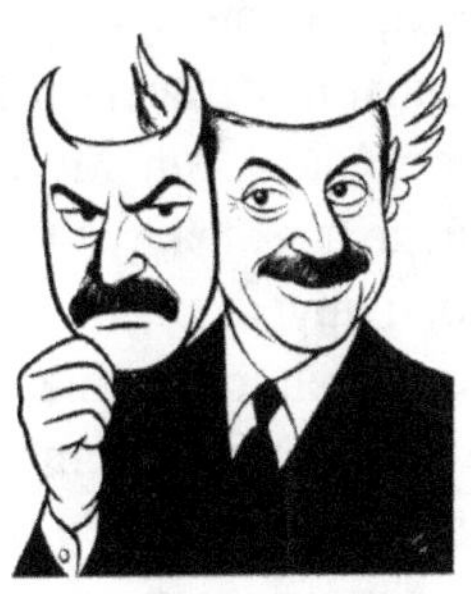

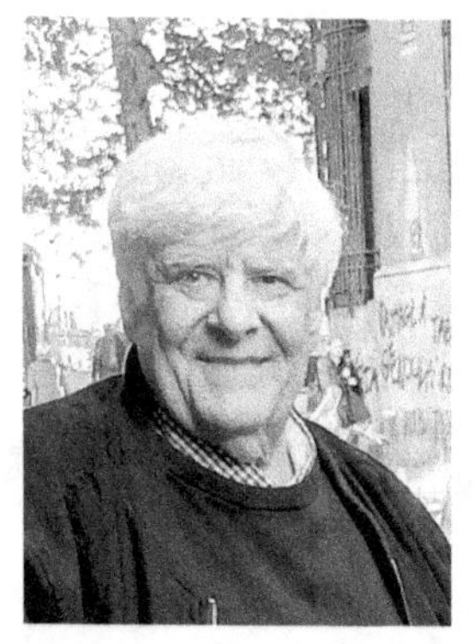 **Виктор Норд**, теле- и кинорежиссёр, драматург, продюсер (Израиль, США). Родился в 1945 году в бывшем Советском Союзе.

Эмигрировал в Израиль из СССР в 1973 году после окончания с отличием Всесоюзного государственного института кинематографии (ВГИК).

Израильские фильмы и военные телерепортажи Виктора Норда переводились на многие языки и пользовались успехом в странах Европы и Америки. Наиболее известен благодаря режиссёрской работе в художественном фильме под названием «Ха-Ган» с дебютанткой Мелани Гриффитс. Этот фильм представлял Израиль на Каннском фестивале в 1977 году (программа «Дебют — Плодотворное Око»), на Международном кинофестивале в Сан-Франциско, на Международном кинофестивале Вотерфронт в Торонто, и других.

С 1982 года Виктор Норд проживает и работает в Нью-Йорке. Ко-продюсер и редактор ряда телевизионных шоу Frontline–WGBH, среди которых *The Russians are Here* и *Captive in El Salvador* — последний был награждён двумя премиями ЭММИ в 1984 году. Режиссёр диалога двенадцати серий шоу *The Comrades* (WGBH) и телефильма *Seven Days in May* (CBS). Виктор Норд является автором девяти сценариев мини-серий (2004–2018) (два из которых — совместно с писателем Джорджем Файфером).

В 2014 году выступил как автор, пишущий на русском языке, выпустив теле-роман «Непредвиденные последствия» («ЛУЧ», Москва 2014 г.)

Публикуется в журнале «Времена».

www.ingramcontent.com/pod-product-compliance
Lightning Source LLC
Chambersburg PA
CBHW071308030726
47594CB00002B/357